AF147053

Andrea Wolf

Weizengericht

Der Weizen unter Anklage

Bibliografische Information der Deutschen Nationalbibliothek:
Die Deutsche Nationalbibliothek verzeichnet diese Publikation in der Deutschen Nationalbibliografie; detaillierte bibliografische Daten sind im Internet über http://dnb.dnb.de abrufbar.

© *2016 Andrea Wolf*

Illustration: Andrea Wolf

Herstellung und Verlag: BoD – Books on Demand, Norderstedt

ISBN: 978-3-7412-7112-0

Inhaltsverzeichnis

Ein neuer Schurke.. 7
Die Vorwürfe.. 18
Weizen macht dick, dumm und süchtig.....................29
Weizen macht krank.. 39
Nährstoffe und Anti-Nährstoffe....................................55
Weizen ist überzüchtet... 71
Korn- und Mehlbehandlung.. 81
Zöliakie und Glutenunverträglichkeit........................96
Hilfe für Symbionten... 123
Produkte mit Weizen... 128
Anregungen.. 131
Frequently Asked Questions....................................... 138
Anmerkungen.. 147

Ein neuer Schurke

Das Prinzip ist aus unzähligen erfolgreichen Fernsehserien bekannt: Da gibt es einen Schurken oder gleich eine Gruppe von Schurken und die widersetzen sich mit allerlei List den Anstrengungen der Guten, ihnen das Handwerk zu legen. Aber irgendwann ist die Geschichte nicht mehr glaubwürdig. Wenn die Guten die Bösen nicht irgendwann zur Strecke bringen, dann sind sie eben doch nicht so gut. Aber noch bevor der eine Bösewicht ganz besiegt ist und die Geschichte langweilig zu werden droht, taucht bereits ein würdiger Nachfolger am Horizont auf. Das Gesetz der Serie. Aber das ist Unterhaltung.

In der wirklichen Welt erleben wir seit einiger Zeit eine ähnliche Reihe von Schurken die uns nach dem Leben und nach unserer Gesundheit trachten und ständig kommen neue dazu. War es jahrzehntelang das Fett, besonders das tierische Fett, so sind in letzter Zeit Milch, Zucker und vor allem Weizen hinzugekommen. Wir sind umzingelt. Wir leiden an Krankheiten die frühere Generationen überhaupt nicht kannten oder nur vom Hörensagen: Krebs, Alzheimer, Diabetes, Rheumatoide Arthritis, Burnout und natürlich Adipositas. Die Agrarindustrie, Lebensmittelhersteller, alles böse Buben, die uns aus Profitgier nach dem Leben trachten. Die Medien berichten von Lebensmittelskandalen auf der einen Seite und versuchen uns auf der anderen Seite zu beruhigen, weil doch alles in schönster Ordnung sei, alle Zusatzstoffe ungefährlich und sowieso innerhalb der Grenzwerte liegen.

Viele von uns beschleicht ein ungutes Gefühl wenn sie die Inhaltsstoffe auf Lebensmittelverpackungen lesen und sich fragen, was das denn alles ist und ob man das tatsächlich alles essen kann. Zudem könnte auch die Verpackung selber Schadstoffe ausdünsten. Natürlich glauben wir längst nicht mehr alles was in der Zeitung steht oder uns im Fernsehen nahegebracht werden soll. Da sind Interessen von Lobbygruppen im Spiel. Auf der anderen Seite suchen wir nach Informationen, denn wir wollen uns und unsere Familien möglichst gesund ernähren, denn dass Ernährung mit Gesundheit und Krankheit zu tun hat, hat sich herumgesprochen. Aber was kann oder sollte man essen und was lieber nicht und was in welchen Mengen?

In diesem Klima der Unsicherheit lässt sich mit vermeintlich unabhängigen Informationen, die noch dazu die schlimmsten Befürchtungen der Menschen bestätigen, gut Geld verdienen. Die Milch macht uns krank. Haben wir es nicht geahnt? Die Milch ist nicht mehr das was sie mal war, vielleicht war es noch nie eine gute Idee, Milch von einem anderen Säugetier zu trinken. Jetzt endlich wissen wir, warum wir oft Bauchkrämpfe haben! Und der Weizen macht uns süchtig, deshalb essen wir zu viel und werden dick. Teufelszeug. Weg mit dem Weizen.

Auch ich bin verunsichert was die Qualität und Zusammensetzung der Lebensmittel angeht, die ich kaufen kann. Nach einem Zusammenbruch, rasanter Gewichtszunahme und Histaminintoleranz begann ich mich neu zu orientieren und las alles, was ich über Ernährung finden konnte. Dabei fand ich eben jene populären düsteren Bedrohungsszenarien, fand wissenschaftliche Studien und die alte ayurvedische Betrachtung von Nahrungsmitteln und ihrem Einfluss auf die Menschen. Zwischen diesen drei Eckpunkten navigiere ich noch heute. Natürlich möchte ich wissen, ob sich in den Lebensmitteln die ich zu mir nehme

Schadstoffe befinden, ob diese Lebensmittel in einer Art und Weise verarbeitet wurden, die sie weniger verträglich machen, oder ob es sich um Züchtungen handelt die in die falsche Richtung gingen. Aber ich muss essen. Und ich muss jeden Tag Entscheidungen treffen darüber was ich esse.

Heute weiß jeder, dass Weizen ungesund ist. Es wurden Bücher darüber geschrieben, im Internet werden die Thesen aus diesen populären Büchern millionenfach wiedergekäut und dadurch wird der Eindruck erweckt, dass es sich um wissenschaftlich untermauerte Tatsachen handelt. Manche Ratgeber haben das Thema schon als erledigt abgehakt und geben Tipps wie man entweder ältere Getreidesorten in seinen Speiseplan einbaut oder doch lieber gleich ganz auf Getreide verzichtet. Hinterfragt wird das Urteil über den Weizen in der Social Media Öffentlichkeit kaum noch. Im Gegenteil, die Leute überschlagen sich dabei die negativen Wirkungen dieses Monstergetreides bei sich selbst zu entdecken. Wenn ich Brötchen esse, geht es mir jedes Mal schlecht. Seit ich keinen Weizen mehr esse, habe ich endlich abnehmen können. Nie wieder Weizen.

Dr. William Davis[1] sieht seine Landsleute und sich als Opfer der Vollkornempfehlungen der American Heart Association. Von sich selbst sagt er, er habe viel Vollkorn gegessen und trotzdem sei er dick und nicht gesund gewesen. Thomas Campbell schreibt in seinem Buch 'The China Study Solution', er habe durchaus Vorbehalte gegenüber Weizen aber die Art und Weise wie derzeit alle gesundheitlichen Übel allein diesem Gras angelastet werden, sei völlig überzogen. Ginge es nach den Ernährungsvorschlägen der Weizengegner, dann könne man ruhig allen schlechten Gewohnheiten bezüglich Fetten, Käse und anderer tierischer Nahrungsmittel weiter frönen, wenn man nur den Weizen weglasse. Der Weizen ist der Sündenbock auf den man seine Gelenkbeschwerden und sonstige Krankheiten abschieben kann, aber seine schlechten Essgewohnheiten braucht man ansonsten nicht zu revidieren. Laut Campbell essen die Amerikaner viel Getreide, insgesamt etwa 7 Tassen pro Tag. Darin enthalten ist Reis und überwiegend Weizen, allerdings nicht nur in Form von Brot sondern auch Pasta, Muffins, Doughnuts und Frühstückscerealien. Aber das ist nur ein Teil der Rechnung, denn die Amerikaner essen vor allem Produkte aus Auszugsmehl, wenig Vollkornprodukte. Laut Campbell essen 99% der Amerikaner weniger als die empfohlene Menge von etwa 85 Gramm (3 Unzen) Vollkorngetreide pro Tag. Nach meiner Rechnung entspräche diese empfohlene Menge etwa 3 Scheiben Vollkorntoast. Campbell schätzt, dass weniger als 10% der täglich von seinen Landsleuten gegessenen Getreidemenge in Form von Vollkorn gegessen wird. Das bedeutet dass die Amerikaner von den durchschnittlich 7 Scheiben Brot pro Tag nur etwa eine halbe Scheibe Vollkorn essen würden. Die oft beklagte Sucht nach Getreide bezieht sich also offensichtlich auf die Produkte aus Weißmehl, die zusätzlich Fette, Sirup und Zucker enthalten. Weißbrot, Kekse, Kuchen und Pizza machen den Großteil der von den Amerikanern gegessenen Getreideprodukte aus, wie eine Übersicht in Campbells Buch zeigt. Auch die Aufzählung der Weizenprodukte die Dr. Davis zu Beginn seines Buches nennt, passt zu Thomas Campbells Übersicht. Dr. Davis aber hatte Amerika als eine 'Vollkornwelt' bezeichnet. Die Wahrheit sieht offenbar anders aus. Die Ernährung der Amerikaner besteht, so Campbell, hauptsächlich aus Fleisch, Käse und stark verarbeiteten Lebensmitteln. Wenn man einmal die kalorienhaltigen stark verarbeiteten Lebensmittel aus der Ernährung wegließe, dann würde man ganz sicher abnehmen.[2]

Wir streiten uns nun seit Jahren welche Art der Ernährung nun menschengerecht und gengerecht sei, ob Paleo, Glutenfrei, vegetarisch oder vegan, aber wir diskutieren selten darüber, ob die vielen Pestizide, Konservierungsstoffe und sonstigen Lebensmittelzusatzstoffe in unserem Essen eventuell irgendwelche negativen Auswirkungen auf die Verträglichkeit der Nahrungsmittel haben. Darüber gibt es zwar Studien, aber sie werden kaum beachtet. Die schiere Anzahl an zugelassenen Stoffen ist kaum überschaubar und deren Wirkungen und Wechselwirkungen in unserem Körper sind größtenteils kaum erforscht. Aber wir tun so als ob es das alles gar nicht gäbe und diskutieren uns schwindlig über Lebensmittel die seit Jahrtausenden zum Speiseplan der Menschheit gehören, so als hätten wir gerade erst kapiert womit wir es da zu tun haben. Nur alles womit dieses Getreide behandelt und verarbeitet wird, das übersehen wir geflissentlich.

Die weizen- und glutenverzehrenden Völker sind bisher keineswegs ausgestorben. Sie haben sogar Hochkulturen entwickelt und waren lange Zeit über gesund genug, um sich erfolgreich fortzupflanzen. Es hat also einen entwicklungsgeschichtlichen Vorteil gehabt, Weizen und andere glutenhaltige Getreide zu kultivieren und zu verzehren. Weizenfeinde- und -kritiker sehen den Verzehr von Grassamen, denn nichts anderes ist Getreide, als nicht artgerecht für den Menschen an. Getreide und Milch seien zu meiden, da unsere steinzeitlichen Vorfahren sie nicht zu sich genommen hätten und sie keine artgerechten Lebensmittel seien. Aber wer genau sind denn unsere steinzeitlichen Vorfahren? Sind das wirklich die Höhlenbewohner, deren angebliche Ernährungsweise uns heute als einzig artgerechte schmackhaft gemacht werden soll? Wer waren diese Höhlenbewohner und stammen wir tatsächlich von ihnen ab oder vielmehr von einer anderen Menschenart?

Getreide mag auf den ersten Blick eher für Lebewesen geeignet sein, die über vier Mägen verfügen, denn in diesen Mägen können die Inhaltsstoffe nach und nach aufgeschlossen werden. Milch von Wiederkäuern hingegen habe eine andere Zusammensetzung als menschliche Muttermilch, z.B. einen höheren Fettgehalt im Falle von Kuhmilch und sei daher abzulehnen. Welches traditionelle Lebensmittel wir auch in der europäischen und nordamerikanischen Küche verwenden, alle werden sie zurzeit auf ihre Artgerechtigkeit hin abgeklopft. Dabei wird aber nie darauf hingewiesen dass jedes dieser Lebensmittel nur unter ferner liefen verzehrt wird und nicht etwa als einziges Nahrungsmittel. Wollte man einen Pandabären mit etwas anderem als Bambus ernähren wollen, dann wäre das tatsächlich verfehlt, weil er sterben würde. Nichts anderes als Bambus ist für ihn artgerechte Ernährung, weil er schlicht nichts anderes aufschließen kann. Bei uns Menschen sieht das aber etwas anders aus. Wir sind da komplizierter gestrickt.

Menschen haben so ziemlich jede Zone dieses Planeten für sich als Lebensraum erobert, während Tiere oft auf Nischen mit ganz speziellen Lebensbedingungen angewiesen sind. Pandabären etwa fressen nur Bambus und Koalas nur Eukalyptusblätter und das auch nicht von allen 400 Sorten. Selbst wenn sie wollten oder ihre Nahrungspflanzen ausgestorben wären, sie könnten keine andere Nahrung verstoffwechseln. Wir Menschen dagegen gedeihen mit den unterschiedlichsten Ernährungsformen, von Fisch und Fett in den

Kältezonen, über Fleisch und fermentierte Milchprodukte in Weidegebieten, bis hin zu einer ausschließlich vegetarischen Ernährungsform in weiten Teilen Indiens. Bei allen hitzig geführten Ernährungsdebatten der heutigen Zeit sollte nicht übersehen werden, dass ganze Völker über lange Zeiten mit einer so 'einseitigen' Ernährung überleben und der Natur trotzen konnten. Man erzähle mal einem Nomaden in der mongolischen Steppe, er solle seinen Kumis und seinen Käse vom Speiseplan streichen, weil Milchprodukte für den Menschen keine artgerechte Ernährung seien.

Bevor man sich also überrollen lässt von einer der aktuellen Ernährungsideologien, sollte man tief durchatmen und sich einmal mit den Forschungen des amerikanischen Zahnarztes Dr. Weston. A. Price auseinandersetzen. Leider ist dieser unerschütterliche Forscher bereits verstorben und sein Werk ist wenig bekannt. Aber er hat etwas getan, was heute beim besten Willen und selbst mit großem finanziellem und organisatorischem Aufwand schlicht unmöglich wäre. Er hat in zu seinen Lebzeiten entlegenen Gebieten der Erde Volksgruppen besucht, die sich noch traditionell ernährten (von was immer in der jeweiligen Gegend traditionell gegessen wurde) und er hat ihre Zähne untersucht. Und er hat die Zähne derjenigen Söhne und Töchter dieser traditionell lebenden Menschen untersucht, die bereits mit den Nahrungsmitteln der sogenannten Zivilisation in Kontakt gekommen waren. Gründlicher Forscher der er war, hat er seine Erfahrungen nicht nur umfassend beschrieben, sondern auch fotografiert. Gemeinsam mit seiner Frau war er auf allen Kontinenten aktiv und hat ein einzigartiges Vermächtnis hinterlassen.

Dr. Price wollte wissen, warum er es in seiner Zahnarztpraxis in den USA mit so vielen Zahnfehlstellungen und maroden Zähnen zu tun bekam, wo doch sein Land eines der fortschrittlichsten der Welt war. Er fand gesunde Zähne und schöne Gebisse bei allen von ihm besuchten Völkern solange sie bei ihrer traditionellen Ernährung blieben. Diese Ernährung war aber nicht überall gleich, sie war so unterschiedlich wie die Klimazonen. Aber was alle diese Ernährungsweisen gemeinsam hatten war, dass die Nahrungsmittel nicht chemisch verändert oder verarbeitet waren und dass es kein Weißmehl und keine zuckrigen Backwaren und Getränke gab. Kam die jüngere Generation der besuchten Völker durch Neubau von Straßen und die Ausbreitung der sogenannten Zivilisation mit deren Genüssen in Kontakt, dann verschlechterte sich der Zahnstatus der Menschen zusehends und der Folgegeneration waren die Auswirkungen der ungesünderen Ernährung an den Zähnen und am Skelett anzusehen. Dr. Price hat unzählige Fotos von seinen Reisen mitgebracht, die in seinen Werken veröffentlicht wurden. Wer also Interesse daran hat, kann sich selbst ein Bild davon machen.[3]

Wir werden immer mehr zu Ernährungsextremisten. In den Ländern der westlichen Welt breiten sich mit immer höherem Tempo extremistische Ansichten über Essen und Ernährung aus. Das ist relativ neu und korreliert mit dem nachlassenden Einfluss der Religion. Ein ursächlicher Zusammenhang lässt sich daraus natürlich nicht konstruieren, aber die sektiererische Intensität, mit der über Ernährung gestritten wird, erinnert an die Glaubenskriege früherer Zeiten. Dabei ging es noch zu Zeiten meiner Großeltern eher darum, überhaupt die Familie satt zu bekommen. Essen und Ernährung waren an das Einkommen geknüpft und an die Verfügbarkeit von Nahrungsmitteln. Dabei spielten regionale und saisonale Verfügbarkeit die größte

Rolle. Auch damals gab es Menschen die mehr aßen als gut für sie war, aber das waren meistens Menschen aus den wohlhabenderen Kreisen. Man erinnert sich an das ganz einfache Mittagbrot in Thomas Manns Buddenbrooks. Heutzutage ginge diese einfache Mahlzeit als Festessen durch. Die, die es sich leisten konnten, aßen gut und reichlich und trugen die körperlichen Folgen. Die Wohlhabenden waren nicht immer die Gesündesten. Die weniger Wohlhabenden schauten neidisch auf deren Teller und hofften, sich irgendwann die gleichen Nahrungsmittel leisten zu können. Essen war immer auch ein Statussymbol. Wer sich Fleisch leisten konnte, war entweder wohlhabend oder hatte Jagdrechte. Die einfachen Leute mussten meistens ohne auskommen. Selbst Bauern die Geflügel hatten, mussten beispielsweise so hohe Abgaben davon an ihren Grundherrn entrichten, dass für sie selbst kaum etwas übrig blieb. Sie aßen Getreidegrütze oder dunkles Brot, während die Reichen schon früh auf Brot aus weißem Mehl setzten, welches als besonders rein galt.

Die Ernährung der Reichen in früheren Zeiten, mit viel Fleisch, Weißmehl und Alkohol zog nicht nur die Gicht nach sich, die als eine typische Krankheit der Wohlhabenden galt, sondern auch die ersten Allergien. Im Jahr 1819 meldete ein Arzt der Medical and Chirurgical Society of London eine periodisch auftretende Krankheit der Augen und Atemwege, die jedes Jahr Mitte Juni auftrat. Er vermutete die Sonne als Auslöser. Diese Krankheit war neu in Großbritannien, wurde aber in den folgenden 50 Jahren immer häufiger beschrieben und schließlich als Heuschnupfen identifiziert. Der Heuschnupfen war ein Leiden, welches nur die oberen Gesellschaftsschichten traf und gerade nicht die Bauern, die den Pollen ständig direkt ausgesetzt waren. Es war eine Wohlstandskrankheit, die bald zur Mode wurde, wie zuvor schon die Schwindsucht und die Gicht. Die Neigung an Heuschnupfen zu leiden war der Beweis, dass man zu den privilegierten Schichten gehörte. Zunächst breitete sich die Krankheit in Großbritannien aus, später überholten die USA. Dort wurde dann auch ein Geschäft daraus. Die wohlhabenden Klassen zogen sich während der Heuschnupfenzeit an die großen Seen oder in die Mittelgebirge zurück und so entstand dort eine neue Infrastruktur. Es war noch immer ein Zeichen der Überlegenheit, wenn jemand Heuschnupfen bekam. Die Afroamerikaner litten zu dieser Zeit nämlich noch nicht daran. Das Leiden war den Weißen vorbehalten und diese fühlten sich dadurch in ihrer Überlegenheit bestätigt.[4]

Heute ist es kein Privileg mehr, an Heuschnupfen zu leiden. Aber es scheint noch immer ein Privileg der Menschen in wohlhabenden Staaten und der Wohlhabenden in nicht so wohlhabenden Staaten zu sein, an Allergien und Unverträglichkeiten zu leiden. In der westlichen Welt sind Allergien gegen Erdnüsse, Kuhmilch und Eier weit verbreitet. Unter ferner liefen kommen Allergien und Unverträglichkeiten von Weizen und Gluten dazu, während in Indien Diabetes Typ II auf dem Vormarsch ist. Mit dem Leiden an einer dieser Krankheiten ist heute weniger ein Gefühl elitärer Zugehörigkeit verbunden, als ein Gefühl der Bedrohung. Besonders in den westlichen Industrieländern hat das Verhältnis zum Essen gelitten. Es geht nicht mehr nur ums satt werden oder um den Status, sich Fleisch leisten zu können. Essen oder vielmehr die Angst das Falsche zu essen, steht im Vordergrund. Diese Angst wurde und wird von Autoren geschürt, die allgegenwärtige und traditionelle Lebensmittel als gesundheitsschädliche Produkte einer gewissenlosen Nahrungsmittelindustrie zu entlarven vorgeben.

Wenig Beachtung findet dagegen die Frage wie wir uns verändert haben. Wenn einige Menschen Schwierigkeiten mit der Verdauung von Weizen und/oder Gluten haben, dann können die Gründe dafür beim Weizen, seinen Wuchsbedingungen, den Teigbehandlungsmethoden und so weiter liegen, sie könnten aber auch am Verdauungs- und Immunsystem der betroffenen Menschen liegen. Dieser Gedanke ist nicht ganz abwegig, da die Probleme mit dem Weizen erst seit einigen Jahren und bisher nur aus westlichen Ländern berichtet wurden. Entweder sind die Menschen in Afrika oder Asien einfach schlechter informiert, würgen aus lauter Hunger Dinge hinunter die sie nicht vertragen, oder sie haben nicht die gleichen Verdauungsprobleme wie die Menschen in den westlichen Industrienationen. Und wenn sie diese Probleme nicht haben, dann müssen wir herausfinden worin der Unterschied liegt zwischen dem Nordamerikaner oder Europäer der meint Weizen aus dem Weg gehen zu müssen und dem Afrikaner oder Asiaten, der dieses angeblich so furchtbare Zeug mühelos verdaut.

Wir wissen mittlerweile dass wir nur gesund sein können, wenn wir die richtigen Bakterien in ausreichender Zahl im Darm beherbergen. Um diese Symbionten bei Laune zu halten ist es wichtig nicht in Nahrungsmitteln zu schwelgen, die die falschen Bakterien füttern. Aber auch Ruhe und Gelassenheit helfen der Darmflora. Ständige Sorgen wirken sich genauso schädlich aus wie ungesunde Nahrung. Sehen wir uns also einmal genauer an was speziell dem Weizen angelastet wird und schauen hinter die Kulissen der populären Weizenschelte.

Die Vorwürfe

Die Überzeugung mit der die Behauptung der Zerstörungskraft des Weizens, und besonders eines seiner Proteine des Glutens, verbreitet wird, ließ mich irgendwann stutzig werden. Ich wollte es genauer wissen und begann mich mit den Anmerkungen und Literaturhinweisen der beiden bekanntesten Anti-Weizenbücher, 'Weizenwampe' von Dr. William Davis und 'Dumm wie Brot' von Dr. David Perlmutter zu beschäftigen. Das war der Beginn einer Recherche, die mich zu vielen wissenschaftlichen Studien führte und zu der Erkenntnis, dass nicht alles so einfach ist, wie populäre Bücher und die bunte Social Media Welt es darstellen.

Als ich die Fußnoten der beiden populären Bücher nachzulesen begann, stieß ich auf ein Phänomen das mich sehr irritierte. Die angegebenen Textstellen aus wissenschaftlichen Publikationen, die eigentlich die schärfsten Argumente der Weizenkritiker hätten untermauern sollen, sagten etwas ganz anderes aus oder hatten gar nur am Rande mit dem Thema zu tun. Wie konnte das sein? Nun machen wir alle Fehler und bei einem Buch von mehreren hundert Seiten und mehreren hundert Anmerkungen kann es durchaus vorkommen, dass man einzelne Fußnoten falsch zuordnet. Aber dass das ausgerechnet bei den zentralen Argumenten dieser Autoren zutreffen sollte? Weitere Stichproben zeigten mir, dass es sich offenbar nicht um Flüchtigkeitsfehler handelte. Die Autoren bezogen sich im Text zum Teil namentlich auf die Forscher, deren Artikel sie in den Anmerkungen verlinkt hatten. Sie zogen aber völlig andere Schlüsse aus deren Publikationen als ich es beim Nachlesen tat. Ich war verunsichert. Hier waren veröffentlichte Autoren, die Behauptungen aufstellten die eine Riesenwelle verursacht hatten, die Doktortitel trugen, sich auf wissenschaftliche Literatur bezogen, und meine Wenigkeit interpretierte die gleichen wissenschaftlichen Publikationen vollkommen anders. Wer lag nun falsch? Bald stieß ich auf Analysen von Wissenschaftlern zu den Thesen dieser Bücher. Diese Analysen sind viel weniger bekannt, aber sie sind hochinteressant, weil sie von Wissenschaftlern stammen, die sich dauerhaft mit dem Thema Getreide befassen und weil sie zu völlig anderen Schlußfolgerungen kommen als die Herren Davis und Perlmutter. Nun hat sicher schon jeder von Gefälligkeitsstudien und manipulierten Ergebnissen wissenschaftlicher Studien gehört und das hat zu einer gewissen Skepsis geführt. Ich halte diese Skepsis für gesund aber nicht für einen Grund, wissenschaftlichen Ergebnissen grundsätzlich nicht mehr zu trauen. Die Autoren der wissenschaftlichen Zusammenfassungen der Forschungsergebnisse zur Verträglichkeit von Weizen mögen ganz oder in Teilen ihr Gehalt von der Getreideindustrie beziehen aber ob ihre Studienergebnisse deshalb falsch sind, muss man im Einzelfall prüfen. Zudem bewegen wir uns ja weder in der öffentlichen Internetdiskussion noch in den bekannten weizenkritischen Büchern auf dieser Ebene. Es geht eher um das grundsätzliche Verständnis der Beziehung zwischen Weizen, seiner Verbreitung in Nahrungsmitteln und Kosmetika und eventuellen Unverträglichkeiten und deren zweifelsfreier Diagnose.

Kurz gesagt, mir fehlte einiges in der Diskussion und ich wollte mehr wissen um für mich selbst die optimale Ernährungsform zu finden.

Dabei ging es mir nicht nur darum, die Gegendarstellungen einiger Wissenschaftler bekannter zu machen, ich fand auch viele Studien zum gesundheitlichen Nutzen von Weizen und seiner Inhaltsstoffe und zu Zöliakie und Glutenunverträglichkeit, die dank der mittlerweile herrschenden Vorurteile gegen den Weizen gar nicht mehr durchdringen.

Zwischen der öffentlichen Wahrnehmung, einzelnen spöttischen Presseartikeln[5] und dem was in Wissenschaftskreisen zum Thema Weizen geforscht und diskutiert wird bestehen große Diskrepanzen. Das ist besonders bedeutsam, weil sich die ganze Anti-Weizen Kampagne angeblich auf wissenschaftliche Ergebnisse stützt. Da scheint jedoch oft genug der Wunsch der Vater des Gedankens gewesen zu sein. Zuerst kam die Ansicht mit dem Weizen stimmt was nicht und dann suchte man nach Beweisen für die eigene Auffassung. Wenn die Bedrohungslage tatsächlich so wäre wie in den populären Bücher beschrieben, dann sollte man doch meinen, dass auch die Wissenschaftler, zumindest jene die nicht in irgendeiner Form Zuwendungen von der Getreideindustrie bekommen, allmählich Alarm schlagen würden. Man erinnere sich an die beinahe jährlich wiederkehrenden Warnungen zum Thema Salzkonsum. Sinn oder Unsinn dieser Warnungen seien dahingestellt, sie illustrieren mein Argument. Wenn Wissenschaftler von etwas überzeugt sind, dann machen sie sich damit durchaus bemerkbar. Aber bei dem in populären Medien heiß diskutierten Thema Weizen findet man auf Seiten der Wissenschaftler Kopfschütteln und Unverständnis für die allgemeine Hysterie.

Mich persönlich interessiert natürlich, ob und wie und wann Weizen eventuell als Nahrungsmittel ungeeignet sein könnte und ich besser daran täte ihn zu meiden, aber ich möchte das ganze Bild sehen. Der Weizen existiert ja nicht für sich allein. Er wird behandelt und verarbeitet. Dabei kommen Mittel und Methoden zum Einsatz die eventuell auch zu einer Unverträglichkeit beitragen können, die aber keine Erwähnung finden in den genannten Büchern. Und dann haben sich ja nicht nur der Weizen, die Anbaumethoden und die Verarbeitungsmethoden verändert seit den Zeiten unserer Großeltern, auch wir haben uns verändert. Damit meine ich keine Veränderungen auf genetischer Ebene, sondern die Veränderungen der Umwelt die uns betreffen. Mehr Hygiene, mehr künstlich hergestellte Stoffe die in der Nahrung landen, mehr Antibiotika, weniger Parasiten. Die Anforderungen an unser Immunsystem haben sich schneller verändert, als jemals zuvor. Ein eventuell veränderter Weizen ist nur ein ganz kleines Puzzleteil.

Natürlich gibt es viele Berichte von Menschen die von sich sagen, der Verzicht auf Weizen habe ihr Leben zum Positiven verändert. Das freut mich für jeden Einzelnen von ihnen, denn ich weiß wie schlecht man sich fühlen kann. Ich frage mich trotzdem ob sie sicher sein können, dass es der Weizen war der ihre Probleme verursacht hat. Wer auf Weizen verzichtet, der lässt nicht mal eben eine kleine Zutat weg. Das ist was anderes als sich vorzunehmen, keine Bananen mehr zu essen. Wer Bananen essen möchte, der muss sie sich extra besorgen, der sieht was er isst und weiß, dass Bananen nicht in zerkleinerter Form in allen anderen Lebensmitteln oder Kosmetika versteckt sein können. Beim Weizen ist aber genau das der Fall. Wer auf Weizen verzichtet, der muss jedes Etikett genau studieren und herausfinden, was sich hinter den komplizierten Bezeichnungen versteckt und ob das Weizen sein könnte. Wer dann konsequent auf alle diese Nahrungsmittel verzichtet in denen er Weizen als Zutat ausfindig gemacht hat, der hat sein Essverhalten und seinen Lebensstil komplett umgestellt. Und das ist der Punkt. Wenn ich auf Convenience Produkte im weitesten Sinne verzichte, dazu gehört der Verzicht auch auf Ketchup, gemahlene Gewürze, Kaugummi und nicht selbst gemachte Eiskrem, dann verzichte ich auch auf viele andere Zutaten die alle das Potential haben unsere Verdauung zu beeinträchtigen. Wenn ich also - sagen wir - zehn verschiedene Stoffe gleichzeitig aus der Ernährung entferne und es mir anschließend besser geht, woher weiß ich dann, welcher der zehn Stoffe der Übeltäter war?

Dr. William Davis, ein Arzt aus Milwaukee USA, der dort präventive Kardiologie praktiziert, hat mit seinem Buch 'Weizenwampe' die vielleicht größte aktuelle Gesundheitswelle ins Rollen gebracht. In diesem Buch beschreibt er seine Thesen zur Schädlichkeit des modernen Weizens und welche wundersamen gesundheitlichen Vorteile eine weizenfreie Ernährung hat. Ungeachtet der von Wissenschaftlern und Journalisten immer wieder hervorgehobenen Tatsache dass seine Thesen auf Fehlinterpretationen von wissenschaftlichen Studien und auf der Verwechslung von Korrelation mit Ursache-Wirkung aufbauen, hat sich ausgehend von seinem Werk eine Dynamik entwickelt, die, wie es scheint, kaum noch gestoppt werden kann. Viele Mediziner, Ernährungsberater und die sich dafür halten sind auf den Zug aufgesprungen. Bei ihnen fällt leider die gleiche Nachlässigkeit im Umgang mit Quellen auf wie bei Davis selbst. Seine Trittbrettfahrer zitieren ihn oder einander gegenseitig und verbreiten so eine Informationsblase die völlig abgehoben vom Stand der Forschung durchs Internet schwebt. Verirrt sich doch einmal jemand in die nüchterne Welt der Forschung und zitiert aus wissenschaftlichen Artikeln, dann entweder nur aus solchen Artikeln die über Zöliakiepatienten berichten und die für die Allgemeinheit nicht maßgebend sind oder es werden positive Studienergebnisse überlesen oder die Studienergebnisse gar völlig falsch interpretiert. Ich weiß das klingt ungeheuerlich, aber ich bin mit diesen Beobachtungen nicht allein. Viele Rezensenten dieser Bücher bei Amazon haben diese Beobachtung gemacht und auch Wissenschaftler wie Dr. Alessio Fasano, dessen Forschungen oft als Begründung für die grundsätzliche Schädlichkeit des Weizens hergenommen werden, beobachten verwundert diesen Trend.

Die Hiobsbotschaft von der angeblich gesundheitszerstörenden Wirkung des modernen Weizens traf auf die bereits hochschlagende Welle der Low-Carb Diäten und hat diese noch verstärkt. Auch Dr. Davis und Dr. Perlmutter ('Dumm wie Brot') bieten Low-Carb Rezepte an und geben Ernährungsratschläge die bei näherer Betrachtung inkonsistent sind.

Ich werfe Dr. Davis keine absichtliche Fehlinformation vor. Sowohl aus der Lektüre seines Buches als auch von seiner Website habe ich von ihm den Eindruck gewonnen, dass es ihm wirklich um die Gesundheit seiner Familie und seiner Patienten geht. Umso seltsamer finde ich, dass sein Kreuzzug gegen den Weizen auf so wackeligem Fundament ruht. Er selbst nennt sich übrigens 'Gesundheitskreuzfahrer'. Aber ich frage mich ernsthaft, ob ausgerechnet dieser Kardiologe aus den USA einen Mega-Skandal aufgedeckt hat, der allen Gewohnheitsskeptikern und Miesepetern bisher entgangen ist. Die Liste der angeblichen Gesundheitsgefahren die vom Weizen ausgehen ist schon in Dr. Davis' Buch lang und sie wurde durch Dr. David Perlmutters Buch 'Dumm wie Brot' noch verlängert. Mittlerweile scheint sich das Bezichtigen des Weizens im Internet verselbständigt zu haben. Auf jeder Liste mit Lebensmitteln die bei irgendwelchen gesundheitlichen Problemen zu meiden sind findet man den Weizen. Das ist so als würde man sagen, Weizen zu meiden ist immer gut, egal was man hat. Das ist ein Selbstläufer geworden. Versucht man dann wissenschaftliche Studien zu finden die all diese abstrusen Vorwürfe stützen, landet man im Nirwana. Werden tatsächlich mal Studien in Fußnoten genannt, dann sagen sie etwas anderes aus, als was im Text behauptet wurde oder beschäftigten sich gar mit einem ganz anderen Aspekt zum Thema. Das passiert nicht nur auf Seiten die die Suchmaschinen unter ferner liefen anzeigen, sondern leider auch bei Seiten die ganz oben in der Liste erscheinen und dadurch eine große Reichweite haben. Das Phänomen ist auch durchaus nicht auf Blogger ohne wissenschaftlichen Hintergrund beschränkt, sondern kommt auch bei Medizinern und Sportmedizinern vor. Nach dem Vorbild von Dr. Davis und Dr. Perlmutter geben auch hierzulande immer mehr Mediziner Ernährungsratschläge. Es erscheinen gerade jeden Monat neue Bücher die uns Wegweiser im Diätendschungel sein wollen. Leider setzen die meisten dieser Ratgeber auch nur dort an, wo Blogger und andere Multiplikatoren sich bereits tummeln. So seltsam es klingen mag, niemand recherchiert mehr selbst die Grundthesen. Was mich besonders verwundert ist, dass sich auch offenbar niemand für die Standpunkte der Wissenschaftler zu interessieren scheint, die sich in ihrer täglichen Arbeit mit Getreide befassen und die umfangreiche Stellungnahmen zu den Thesen aus Dr. Davis' Buch veröffentlicht haben. Dabei sind diese Stellungnahmen sehr informativ. Aber sie relativieren die forschen Thesen so weit, dass im Grunde nichts übrig bleibt. Sie sind dadurch gewissermaßen Spielverderber. Denn mit der Anti-Weizen und Anti-Glutenwelle lässt sich derzeit gut Kasse machen. Die Bücher der Doktoren Davis und Perlmutter sind Bestseller und da möchte mancher Trittbrettfahrer gerne mitsurfen. Auch die Hersteller von glutenfreien Lebensmitteln mussten ihre Produktionslinien ausbauen. Trotzdem betätige auch ich mich hier als Spielverderber und klopfe die bekannten Thesen auf ihre Belastbarkeit ab.

Die römischen Legionäre, die das Rückgrat für die Ausbreitung des Imperiums waren, ernährten sich größtenteils von Weizen, nämlich bis zu 800g pro Tag, in Form von Brot oder Brei. Dazu kam was immer sie unterwegs bekommen konnten, Fleisch, Gemüse und Kräuter, und jede Menge Olivenöl und Knoblauch. Auch unsere Vorfahren nördlich der Alpen ernährten sich bereits in römischer Zeit überwiegend von Getreide, wenn auch eher von Hafer, Hirse, Dinkel und Roggen. Den Weizen brachten die Römer. In den vergangenen gut eintausend Jahren schien es kein Problem zu geben mit einer getreidebasierten Ernährung außer, dass die Ernte sehr witterungsabhängig war und es daher immer wieder Hungerjahre gab. Das ficht aber einen gestandenen Weizenkritiker nicht an denn, so räsoniert schon Dr. William Davis, der moderne Weizen ist anders. Der moderne Weizen habe mit dem Getreide welches unsere Vorfahren gegessen haben nichts mehr gemein und sei gentechnisch manipuliert. Tatsache ist, dass alle unsere pflanzlichen Nahrungsmittel Ergebnisse von Züchtungen über Jahrtausende sind. Tatsache ist auch, dass es noch nirgendwo kommerziell angebauten Gen-Weizen gibt. Auch die anderen Behauptungen über dieses Getreide beruhen nicht unbedingt auf gesicherten Tatsachen, daher ist es an der Zeit sich näher mit diesem Gestrüpp aus gesicherten Tatsachen, Halbwahrheiten und Unwahrheiten auseinanderzusetzen.

Julie Jones von der St. Catherine University in St. Paul, Michigan teilt in ihrer Analyse[6] des Buches 'Weizenwampe' die dort vorgebrachten Argumente in vier Kategorien ein. Zu Kategorie Eins zählt sie Argumente die auf fundierter Ernährungswissenschaft beruhen. Zu Kategorie Zwei gehören Argumente die kontrovers diskutiert werden, da wissenschaftliche Studien bisher für beide Seiten Argumente geliefert haben. In Kategorie Drei teilt sie Argumente ein die reine Theorie sind und für die es keine unterstützenden Daten gibt. Kategorie Vier enthält Thesen des Autors die absolut nicht von der Datenlage in wissenschaftlicher und medizinischer Literatur unterstützt werden. Diese Einteilung macht bereits deutlich wie persönlich die Thesen von Dr. Davis sind. Das ist seine persönliche Überzeugung, sein ganz persönlicher Feldzug. Besonders Kategorie Zwei illustriert das grundsätzliche Problem mit der Einteilung von Lebensmitteln in Gut und Böse. Für die meisten Lebensmittel und selbst für natürliche Zutaten wie z. B. Gewürze lassen sich sowohl Studien finden die Nutzen aufzeigen als auch Studien, die Gefahren sehen. Welche Schlüsse sollen wir als Verbraucher daraus für unsere tägliche Ernährung ziehen?

Sehen wir uns zunächst die Liste der häufigsten und ein paar der weniger häufigen Vorwürfe gegen den Weizen an. Die Liste ist mit Sicherheit nicht vollständig, da der Fantasie der Menschen keine Grenzen gesetzt sind.

- Weizenallergie
- Wheat-dependent exercise-induced anaphylaxis (WDEIA), ein anaphylaktischer Schock

ausgelöst durch den Kontakt mit Weizen und anschließende körperliche Betätigung
- Zöliakie
- Schizophrenie und Autismus Spektrum
- Non-celiac Gluten Sensitivity (NCGS), Glutenempfindlichkeit ohne Zöliakie
- Fettleibigkeit
- Die Stärke in Weizen ist einzigartig und wird sehr effizient in Blutzucker umgewandelt.
- Der glykämische Index von Weizen ist höher als der von Zucker.
- Weizen macht süchtig und beeinträchtigt kognitive Funktionen.
- Weizen verursacht Stimmungsveränderungen, Verworrenheit und Depressionen
- Weizen spielt eine Rolle bei folgenden Erkrankungen: ADHS, Rheumatoide Arthritis, Diabetes Typ I und II
- Kohlenhydrate aus der Nahrung, besonders die von Weizen, resultieren in Advanced Glycation Endprodukten.
- Eine erneute Analyse von Colin Campbells Daten (der China Studie) zeigt dass die Auslegung von Vorurteilen geprägt war und dass koronare Herzkrankheiten mit dem Verzehr von Weizenmehl in Verbindung stehen.
- Das Weglassen von Weizen heilt Akne und ähnliche Verunstaltungen der Haut, sowie Alopecia areata.
- Das Ersetzen von Weizen durch Gemüse und Nüsse kann eine höhere Ballaststoffzufuhr bedeuten.
- Das Weglassen von Weizen aus der Diät verbessert die Aufnahme von Vitamin B12, Fol-

säure, Eisen, Zink und Magnesium, weil sich die gastrointestinale Gesundheit verbessert.
- Der moderne Weizen ist ein Ergebnis genetischer Manipulation aus den 60er und 70er Jahren des vergangenen Jahrhunderts und in dieser Zeit ist ihm Gliadin, ein nicht natürliches Protein hinzugefügt worden.

Soweit Dr. Davis. Im Internet kursieren noch weitere Thesen:
- Lektine im Weizen sind schädlich, während die aus Gemüse harmlos sind.
- Weizen erhöht Entzündungsreaktionen.
- Weizen stört den Muskelaufbau.
- Weizen greift Gelenkstrukturen an.
- Weizen schwächt das Immunsystem.[7]

Und weiter:
- Getreide verursacht Verdauungsbeschwerden
- Getreide belastet den Organismus
- Getreideverzehr führt zu Vitalstoffmangel
- Brot kostet Lebenszeit[8]

Es werden teilweise wissenschaftliche Artikel in Fußnoten genannt, aber die beweisen nicht die generalisierten Aussagen auf dieser Website. Es wird übertrieben und zurechtgebogen, was das Zeug hält. Die Aufmachung ist reißerisch, aber wenn ein kritischer Leserkommentar kommt, rudert man zurück und sagt, man wolle nur darauf aufmerksam machen, dass die Möglichkeit besteht, dass....

Weizen macht dick, dumm und süchtig

"Kennen Sie die spontane Befriedigung nach dem Verzehr eines Muffins, Doughnuts oder Croissants? Das ist keine Einbildung und Sie sind nicht allein. Seit Ende der 1970er Jahre wissen wir, dass Gluten im Magen zu einem Polypeptid-Gemisch aufbricht, welches die Blut-Hirn-Schranke durchdringen kann. Sind die Polypeptide erstmal im Gehirn, können sie sich an dessen Morphinrezeptoren anheften und ein Stimmungshoch hervorrufen - über eben den Rezeptor, an dem sich auch Opiate andocken und mit derselben angenehmen und damit suchterzeugenden Wirkung.[9] So klar ist die Sache für Dr Perlmutter. Aber wie verhält sich das wirklich?

Zuerst wurde die mögliche Anbindung von Polypeptiden auf Opiatrezeptoren von Dr. Christine Zioudrou[10] und deren Kollegen des National Institute of Health im Jahr 1978 beschrieben, die diese stimulierenden Polypeptide als Exorphine bezeichneten. Das ist eine Abkürzung für 'exogene, morphinartige Substanzen' im Unterschied zu den vom Körper selbst erzeugten, schmerzstillenden Stoffen, den Endorphinen. Zioudrou und ihre Kollegen isolierten die Peptide und untersuchten ihre Wirkung auf ein Homogenat (durchgedrehtes Rattenhirn) aus Rattengehirnen. Eine in vitro (im Reagenzglas, nicht am lebenden Objekt) Studie also, genau wie die von Dr. Perlmutter herangezogene Studie. Auch diese Studie beschreibt eine in vitro Versuchsreihe. Es ist bisher nicht nachgewiesen, dass die Opioide im Gehirn ankommen. Die Polypeptide sind zu groß um durch die Darmwand zu schlüpfen. Den Transport der Peptide durch die Darmwand übernehmen Transportmoleküle. Ein Transportmolekül welches die Opioidmoleküle durch die Darmwand und durch die Blut/Hirnschranke schleusen könnte, wurde noch nicht gefunden.

Der Vorwurf steht also unbewiesen im Raum. Der böse Weizen macht süchtig wie Morphin. Der Bäcker ist ein verkappter Drogendealer. Ist das nicht ein bisschen dick aufgetragen? Weizen macht süchtig? Es wundert nicht, dass dieser Vorwurf aus dem Land der unbegrenzten Möglichkeiten kommt. Dort steht man bewußtseinsverändernden Substanzen allgemein sehr kritisch gegenüber und der Krieg gegen die Drogen hat daran nichts geändert. Wenn also Dr. Perlmutter die Idee in den Ring wirft, Weizen habe Suchtpotential, wie es Dr. Davis ebenfalls tut, dann ist das im amerikanischen Zusammenhang gesehen ein Vorwurf der auf fruchtbaren Boden fällt. Das mag den großen Erfolg erklären, den diese weizenkritischen Bücher trotz der dünnen Beweislage gehabt haben und noch haben.

Aber der Weizen ist keineswegs allein auf weiter Flur mit der Lieferung bioaktiver und psychoaktiver Substanzen. Mal von den allseits bekannten und den weniger bekannten psychoaktiven Pflanzen abgesehen die genau wegen dieser Eigenschaften geschätzt und verboten werden, sind auch Mais, Milch und Muskelfleisch von Rind, Schwein, Huhn und Fisch Lieferanten von Exorphinen. Nur sind im Weizen mehr von den Ausgangsstoffen enthalten, aus denen die möglicherweise an Opioidrezeptoren anhaftenden Stoffe gebildet werden. Ob der Genuss von Weizen allerdings über die Sättigung hinausgehende Zufriedenheitsgefühle weckt, und womöglich mehr als andere Nahrungsmittel, ist noch zu beweisen. Manchem ist die Zufriedenheit nach einer Mahlzeit vielleicht sogar grundsätzlich suspekt.

Auch Dr. William Davis hat in seinem Buch 'Weizenwampe' die Idee von den Exorphinen aufgegriffen und daraus gefolgert, dass Weizen weltweit die schlimmste zerstörerische Essenszutat sei. Darüber hinaus meint er, dass Weizen in dieser Hinsicht einzigartig sei. Davis konstruiert daraus die Theorie, dass Weizen durch die Wirkung dieser Exorphine den Appetit stimuliert und dass das Weglassen von Weizen aus der Ernährung zu Entzugserscheinungen führt.

Studien die am National Institute of Health (NIH) in den USA durchgeführt wurden zeigen in der Tat, dass hydrolisierte Peptine aus Weizenproteinen mit Opiumrezeptoren interagieren. Allerdings tun das auch Bestandteile anderer Nahrungsmittel (Milch, Reis Albumin, Rinderserumalbumin oder- hämoglobin, sogar Spinatproteine heften sich an Opioidrezeptoren). Mit anderen Worten, Davis' Behauptung Weizen sei in dieser Hinsicht einzigartig, ist nicht korrekt.

Die Autoren der bereits 1979 durchgeführten Studie folgern dass die Peptide aus manchen Nahrungsproteinen von physiologischer Bedeutung sein könnten, dass aber weitere Studien zeigen müssten, ob diese Peptide überhaupt aufgenommen und in intakter Form und in ausreichenden Mengen zu den Opioidrezeptoren gelangen. Einige Studien haben mittlerweile auch günstige Effekte dieser Peptide auf den menschlichen Körper gezeigt. Soweit sie für den Körper verfügbar sind, verbessern sie die Lernfähigkeit und helfen den Blutdruck zu kontrollieren. Bei den folgenden Auswertungen der Behauptungen von Dr Davis und anderen Weizenkritikern stütze ich mich zum Teil auf die Arbeit von Julie Jones von der St. Catherine University in St. Paul, Michigan, die sich einige der Aussagen aus Dr. William Davis' Buch 'Weizenwampe' vorgenommen und in diesem Zusammenhang 116 Studien ausgewertet.[11] hat, zum Teil auf meine eigenen Recherchen.

Davis behauptet auch dass Weizenopioide so stark abhängig machen, dass die Menschen ihre Nahrungsaufnahme nicht mehr kontrollieren könnten. Die Kontrolle über die tägliche Essensmenge hängt aber von den verschiedensten Faktoren ab wie dem Sättigungsgefühl, neuroendokrinen, psycho-emotionalen, sozialen und sensorischen Faktoren. Das Sättigungsgefühl lässt sich auch leicht mit einer erhöhten Ballaststoffzufuhr erreichen. Während manche Autoren nahelegen dass einige Nahrungsmittel wie Zucker oder Fette süchtig machen, ist das Thema noch immer umstritten. Beweise für diese Thesen sind dünn gesät und über Menschen gibt es in diesem Zusammenhang keine Daten. Außer für Koffein lässt sich auch das Thema Entzugserscheinungen beim Weglassen von Lebensmitteln nicht beweisen. Entgegen Davis' Behauptung Weizen würde zu unkontrolliertem Essverhalten führen stehen bereits existierende Daten die zeigen, dass das Sättigungshormon nach Aufnahme von Weizen ebenso wie nach Aufnahme anderer Lebensmittel ausgeschüttet wird. Proteine stimulieren die Ausschüttung von Cholezystikinin und des Glucagon-like Peptide 1 (GLP-1), welche die Sättigung fördern. Die Proteine von Weizen und Erbsen stimulieren die Bildung dieser beiden Sättigungshormone sogar in besonderem Maße, mehr als Peptide aus anderen Quellen. Woher kommt dann die von Davis behauptete Gefräßigkeit nach Genuss von Weizen? Forscher bestätigen diese These nicht, im Gegenteil, manche Forscher gehen davon aus, dass der Verzehr von Proteinen wie dem Gluten eine gute Strategie sei um sein Gewicht zu halten.[12]

Sucht und kognitive Funktionen

Nach Davis verursacht die Aufnahme von Weizen auch Stimmungsveränderungen und Verworrenheit, allerdings gibt es zu Veränderungen der Emotionen oder der Sinnesschärfe durch Weizenkonsum wenig Daten. In einer brasilianischen Studie mit wenigen an Zöliakie erkrankten Teilnehmern konnte durch Glutenkarenz keine Stimmungsverbesserung erreicht werden. Dagegen konnte ein Experiment in einer indischen Grundschule mit unterernährten Kindern durch die Gabe von Weizenkeksen verbesserte kognitive Fähigkeiten nachweisen.

In einer Studie mit Syrern, deren hauptsächliches Nahrungsmittel Getreide war und die unter Ängstlichkeit litten, verschwand diese Ängstlichkeit nach Anreicherung ihrer Diät mit Lysin (einer Aminosäure, die unter anderem in Weizenvollkornmehl vorkommt). Daraus könnte man ableiten, dass Weizen Probleme mit Kognition und Gemütslage hervorruft. Tatsächlich aber zeigt diese Studie nur, dass die Diät der Probanden lysinarm war. Gute Ernährung hat immer beinhaltet, dass man Proteine aus verschiedenen pflanzlichen Quellen kombiniert um alle notwendigen Aminosäuren zu bekommen. Eine andere Studie zeigte dass Proteine, auch die aus Weizen, den Tryptophan-Spiegel senken (was weniger Serotonin bedeuten würde und schlechtere Laune). Allerdings enthält Weizen auch Kohlenhydrate und die heben den Serotoninspiegel. Ganz so einfach ist es also nicht.

Fettleibigkeit und Gewichtsverlust

Wir haben in unserer westlichen Kultur eine Entwicklung durchgemacht, die uns jede Art von Essen hat anzweifeln lassen. Hatten unsere Vorfahren vor 100 Jahren noch genug damit zu tun überhaupt ausreichend Nahrungsmittel für die ganze Familie auf den

Tisch zu bringen, so sind wir heute darauf trainiert, Essen mit Sünde in Verbindung zu bringen. In früheren Zeiten war die Völlerei eine Sünde die aus der Maßlosigkeit entstand. Heute wirft man übergewichtigen Menschen Maßlosigkeit im Essen vor. Das kann auf Einzelne zutreffen, aber es ist nicht hinreichend bewiesen dass reines Überessen der Auslöser für die Verbreitung von Übergewicht in den westlichen Industriestaaten ist. Da spielen noch andere Faktoren eine Rolle, die alle die Darmflora soweit schädigen, dass die dickmachenden Bakterien überhand nehmen.

Aber wie Übergewichtige zum Problem, zur Witzfigur und, teilweise, zum Feindbild geworden sind, so haben wir unseren Bezug zum Essen als Erhalt der Gesundheit verloren. Wir sind gehirngewaschen mit immer neuen, ausgefeilteren Diätvorschlägen die uns schlank machen oder halten sollen so als sei schlank mit gesund gleichzusetzen und haben darüber das ungezwungene Verhältnis zum Essen verloren.

Alles was zu Übergewicht führen könnte, steht auf einem Index und wird kritisch beäugt. Die Pizza, der Eisbecher, die Schokolade und das Weizenbrötchen. Ein Nahrungsmittel dem der Vorwurf anhaftet ein Dickmacher zu sein, wird rationiert und dessen Verzehr löst bald ein schlechtes Gewissen aus. Sein Genuss wird mit Sünde assoziiert in einer weitgehend verweltlichten Gesellschaft, die ansonsten ein eher diffuses Verständnis von Sünde hat. Der Verdacht, Kohlenhydrate, und der größte Teil der verzehrten Kohlenhydrate kommt zumindest in Deutschland aus dem Brot, würden dick machen, konnte in verschiedenen Studien nicht erhärtet werden. Es scheint sogar so zu sein, dass der Verzehr von komplexen Kohlenhydraten im Verlauf von 5 Jahren eher eine Gewichtsreduktion bringt. Davon lässt sich aber die eingeschworene Weizen- und Carb-Kritikergemeinde nicht beeindrucken. Auch die einfachen Kohlenhydrate, wie verschiedene Zuckerarten, scheinen nicht per se für eine stetige Gewichtszunahme verantwortlich zu sein, konstatiert die Deutsche Gesellschaft für Ernährung aufgrund der ausgewerteten wissenschaftlichen Studien. Lediglich für den Konsum zuckergesüßter Getränke über einen längeren Zeitraum wird ein Zusammenhang mit Gewichtszunahme als wahrscheinlich eingestuft, vor allem bei Kindern und Jugendlichen.[13]

Was hingegen als erwiesen gilt, ist, dass ein häufiger Verzehr von Produkten mit niedrig ausgemahlenem Getreide (Weißmehl) auf Dauer zu mehr Körperfett führt, und zwar zu 4,3 - 4,7 kg über 12 Jahre. Eine solche Gewichtszunahme macht aber noch keine Adipositas. Daher wird der Verzehr von Weißmehlprodukten auch nicht prinzipiell als Risikofaktor für Adipositas eingestuft. Einen viel größeren Zusammenhang gibt es offenbar zwischen dem Verzehr von zu wenig Ballaststoffen mit der Gewichtszunahme und der Zunahme des Taillenumfangs.[14]

Wenn man sich die Liste der Weizenprodukte ansieht, die Dr. Davis als Bestandteile seiner früheren Ernährung auflistet, Bagels, Doughnuts und so weiter, dann kann man sich durchaus vorstellen dass er damit seinen schlankmachenden Darmbakterien keinen Gefallen getan hat und die Bakterien die sich von Ballaststoffen ernähren, die Bifidobakterien, ausgehungert hat. Er kommt dann aufgrund seiner eigenen Erfahrungen zu dem Schluss, dass Weizenkonsum zu zentraler Fettsucht führt, also Fettansatz hauptsächlich am Bauch. Aber er behauptet sich vernünftig ernährt zu haben ohne übermäßigen Verzehr von Fleisch und Fett, ohne Junk Foods und Snacks und sich stattdessen auf Vollkornprodukte konzentriert zu haben. Zudem sei er täglich 3-5 Meilen gejoggt. Dennoch zeigten seine Laboruntersuchungen ein diabetisches Stoffwechselprofil mit hohen Triglyzeridwerten und einem hohen Nüchternzucker. Natürlich führt er seine desaströsen Laborergebnisse auf seine Ernährung zurück.

Nun haben aber etliche Studien und Metastudien zum Einfluss der Ernährung auf Blutfette und Blutzuckerwerte ergeben, dass Vollkornverzehr diese Werte eher günstig beeinflusst. Entweder hat Dr. Davis weniger Vollkorn gegessen als er selbst schätzte oder er hat insgesamt zu wenig Ballaststoffe zu sich genommen oder doch mehr Fleisch gegessen als ihm bewusst war. Jedenfalls widersprechen die von ihm angegebenen Werte den Ergebnissen aus vielen Studien zum Thema Vollkornernährung. Und wenn er tatsächlich viel Vollkorn gegessen hat, wie wurde es angebaut, behandelt, verarbeitet? Da bleiben mehr Fragen offen als beantwortet werden in Davis' flüssig geschriebener Anklageschrift.[15]

Nach den Recherchen von Julie Davis von der St. Catherine University in St. Paul, Michigan sagt die Framingham Studie aus dass diejenigen Teilnehmer die zwei Portionen Weißmehlprodukte pro Tag zu sich nahmen und drei Portionen Vollkornprodukte, am wenigsten viszerales Fett (Bauchfett) aufwiesen. Es ist also, so lautet auch das Fazit der DGE ‚durchaus möglich sowohl Weißmehlprodukte als Vollkornprodukte zu essen ohne an Gewicht zuzunehmen. Die Framingham Herzstudie wurde im Jahr 1948 in Framingham, Massachusetts durchgeführt. Die Studie mit über 5.000 Teilnehmern bezog im Jahr 1971 auch die Kinder der früheren Teilnehmer mit ein. Die Framingham Kohortenstudie wurde durchgeführt mit dem Ziel, Risikofaktoren für Herzkrankheiten zu identifizieren.[16]

Dr. Davis sieht die Vermehrung von Weizenprodukten parallel laufen mit der Zunahme des Taillenumfangs (der Amerikaner). Diese These klingt eher amüsant, aber sie war wohl vom Autor durchaus ernst gemeint. Allerdings handelt es sich hier um eine fehlerhafte Denkweise. Die parallele Zunahme einer Sache mit der Zunahme einer anderen Sache in einen Ursache-Wirkungs-Zusammenhang zu stellen ist Unfug. In der gleichen Zeit in der in den Supermarktregalen in den USA mehr und mehr Weizenprodukte aufgetaucht sind und der Taillenumfang der Amerikaner zugenommen hat wurden auch mehr Joggingschuhe verkauft, und mehr Kaugummi und mehr Computer. Ursächliche Beziehungen daraus zu konstruieren ist aber nur dann sinnvoll, wenn man beweisen kann dass die eine Tatsache von der anderen abhängt. Davis impliziert hier das die Zunahme an Weizenprodukten die Ursache für die weitere Verbreitung von Fettleibigkeit sei. Er missbraucht die Korrelation (das gleichzeitige Auftreten) der Verbreitung von Weizenprodukten und der Gewichtszunahme seiner Landsleute für seine Propagandazwecke. Zudem ist nicht eindeutig was er mit den wuchernden Weizenprodukten genau meint. In den USA wird zwar viel Weizen verbraucht, aber es wird weniger Brot gegessen als auf den Farmen im Land im Zeitraum zwischen 1900 und 1950.

Den Weizen aus der Ernährung zu streichen ist derzeit der heilige Gral des Abnehmens. Allerdings kann man mit jeder Diät abnehmen, gerade auch mit Low-Carb Diäten. Diese Diäten resultieren jedoch über einen Zeitraum von mehr als sechs Monaten nicht in einer stärkeren Gewichtsabnahme als andere Diäten. Bei Low-Carb Diäten gibt es auch etliche Teilnehmer, die nicht lange durchhalten.

Übergewicht und Fettleibigkeit sind die große Gefahr für die Volksgesundheit und die solidarischen Gesundheitssysteme, so wird es uns tagtäglich beigebracht. Wer einen neuen Dickmacher entlarvt, der kann sicher sein, dass er eine treue Gefolgschaft anzieht, die mit einem schlechtenGewissen aufgewachsen sind und die gern alles richtig machen möchten.

Weizen macht krank

Dr. Davis weist darauf hin, dass Weizen mit Schizophrenie in Verbindung gebracht wurde und meint dieser könnte der hauptsächliche Auslöser sein. Er weist darauf hin dass während des Zweiten Weltkrieges die Krankenhauseinweisungen wegen Schizophrenie rückläufig waren, wie von Dohan in einer Studie von 1966 berichtet. F. C. Dohan hatte die Theorie, dass die geringere Anzahl der Klinikeinweisungen auf den geringeren Weizenkonsum zurückzuführen sei und meinte einen Zusammenhang zwischen Weizen, Zöliakie und Schizophrenie gefunden zu haben. Diese Theorie fußt zum Teil darauf, dass Zonulin aus Weizen die Darmwand durchlässiger machen kann für Moleküle die eigentlich nicht ins Blut gelangen dürfen. Aus dem Übertritt solcher Moleküle ins Blut sollen sich dann die psychischen Symptome entwickeln. Es ist aber auch bekannt dass die Verbreitung von Schizophrenie gemeinsam mit der Verbreitung von allen Autoimmunerkrankungen und schweren Infektionen ansteigt. Man glaubt, dass die Antikörper das Gehirn beeinträchtigen. In einigen Studien wurden bei Schizophreniepatienten erhöhte Werte an Gliadin Antikörpern gefunden. Andererseits wurden in Schizophreniepatienten keine Anti-Gliadin Immunantworten gefunden und auch keine TG2-Antikörper (IgA) oder HLA-DQ2 und HLA-DQ8 Marker. Menschen mit diesen Genmerkmalen haben bisher eine größere Anfälligkeit für Zöliakie gezeigt.

Eine umfassende Überprüfung der Verbindung von Schizophrenie und Gluten zeigte eine drastische Reduktion oder gar volle Remission der Schizophreniesymptome bei Glutenentzug in einem sehr kleinen Teil der Patienten. Für diese ist es absolut wichtig auf Gluten zu verzichten. Aber die Wunderwaffe gegen Schizophrenie, zu der Davis den Glutenverzicht erklärt, ist es nicht[17], betont Julie Jones nach Durchsicht etlicher Studien zu disem Thema.

Nach Dr. Davis hilft der völlige Verzicht auf Gluten bei der Heilung oder Linderung von Diabetes Typ 2, Asthma, Sodbrennen, Colitis ulcerosa, und Irritablem Colon. Sportler könnten besser schlafen und ihre Leistungen wären konsistenter. Alle diese Verbesserungen lassen sich aber allein durch eine Gewichtsreduzierung auf welche Art auch immer erreichen. Wer Gewicht verliert, verfügt auch über mehr Energie. Das Irritable Colon kann in etwa 5% der Fälle durch Glutenunverträglichkeit ausgelöst werden.[18]

Viel Aufmerksamkeit widmet Dr. Davis auch dem Glykämischen Index, da Blutzuckerspitzen zu sehr viel Insulinausschüttungen der Bauchspeicheldrüse führen und das periphere Gewebe darauf irgendwann mit Insulinresistenz antwortet. Dann reagieren Zellen in Muskulatur, Leber und Fettgewebe weniger empfindlich auf die Zufuhr von Insulin. Das trifft sowohl für körpereigenes Insulin als auch für das von außen zugeführte zu. Insulinresistenz findet man als Vorstufe eines Diabetes Typ II, sowie während einer Diabetes Typ II Erkrankung. Der glykämische Index von Weizen sei höher als der von Zucker, räsoniert Dr. Davis. Der Glykämische Index ist ein Wert der die Wirkung eines kohlehydrathaltigen Lebensmittels auf den Blutzuckerspiegel anzeigt. Der Glykämische Index wird allerdings oft missverstanden und es werden unterschiedliche Nahrungsmengen miteinander verglichen. Fünfzig Gramm Sucrose (etwa 3 Esslöffel) enthalten 50 Gramm verfügbare Kohlenhydrate. Aber 50

Gramm verfügbarer Kohlenhydrate aus Weizenbrot sind mehr als 50 Gramm insgesamt, weil Weizenbrot nicht nur aus Kohlenhydraten besteht und nicht alle enthaltenen Kohlenhydrate verfügbar sind. Es bräuchte also 144 Gramm Vollweizenbrot (etwa 5 Scheiben) oder 111 Gramm Weißbrot (knapp 4 Scheiben), um auf 50 Gramm verfügbare Kohlenhydrate zu kommen. Zudem wird Brot selten ohne Auflage verzehrt und die kann wiederum die Blutzuckerantwort verzögern.

Davis' Ausführungen zum Verhältnis zwischen Blutzucker, Insulinantwort und GI sind daher fehlerhaft und irreführend.

Davis behauptet dass wenn man zwei Scheiben Vollweizenbrot isst, sich der Blutzucker mehr erhöht als nach einem Schokoriegel. Vollweizen und Weißbrot erhöhen den Blutzucker gleichermaßen. Allerdings ist die Menge unterschiedlich, die den gleichen Blutzuckeranstieg hervorruft. Es braucht für den gleichen Blutzuckeranstieg mehr Vollweizenbrot als Weißbrot. Obwohl es richtig ist, dass Vollweizenbrot eine höhere glykämische Last hat als ein Mars- oder Snickersriegel muss festgehalten werden, dass der GI 50g verfügbarer Kohlenhydrate vergleicht, was auf ungefähr vier Scheiben Vollweizenbrot zutrifft und auf einen 71g (2,5 oz) Marsriegel. Das Volumen ist ein anderes. Zudem spielen mehrere Faktoren bei der Berechnung der verfügbaren Kohlenhydrate eine Rolle wie zum Beispiel der Fettanteil, der die Aktivität des Enzyms Amylase hemmt. Mehr Fett in Zusammenhang mit Kohlenhydraten heißt langsamere Verdauung derselben und damit einen weniger schnellen und hohen Anstieg des Blutzuckers. Bestandteile des Schokoriegels wie Nüsse, die einen niedrigen GI haben, Phenole und Antioxidantien in Schokolade, sorgen für einen langsameren und weniger spitzen Anstieg des

Blutzuckers. Aber wer isst trockenes Vollweizenbrot? Die Bestandteile von reinem Vollweizenbrot und Schokoriegeln sind so unterschiedlich, dass ein direkter Vergleich wenig Sinn ergibt. Darüber hinaus haben nicht alle Vollweizenbrote den gleichen GI. Manche Vollweizen-Sauerteigbrote haben einen GI von 56, dem Wert der für den Marsriegel angesetzt wurde.

Pasta hat laut Davis einen niedrigeren GI als Brot aufgrund der dichteren Struktur, die die Amylase behindert. Pasta lässt daher den Blutzucker langsamer ansteigen als Brot. Obwohl Davis hier ein Problem wittert, ist das eigentlich die ideale Art das Blut, und damit das Gehirn und alle Körperzellen, konstant über einen gewissen Zeitraum mit Glucose zu versorgen. Trotzdem rät er möglichst wenig Kamut Weizen, aus dem Pasta hergestellt wird, zu verzehren.

Davis behauptet, dass ein Omelett keinen Anstieg des Blutzuckers auslöst. Dies zeigt ein grundsätzliches Missverständnis zwischen Nahrungsmitteln und ihrem Einfluss auf den Blutzuckerspiegel. Tatsächlich lösen Nahrungsmittel die keine Kohlenhydrate enthalten keinen signifikanten Anstieg des Blutzuckerspiegels aus. Aber die Aufnahme von Protein kann den Blutzucker durch die Ausschüttung von Insulin beeinflussen, und durch seine Verdauung glukogene Aminosäuren produzieren. Auch zu behaupten dass ein Omelett nicht den Insulinspiegel erhöht ist inkorrekt. Alle Nahrungsmittel stimulieren die Ausschüttung von Insulin, wenn auch nicht in gleichem Maße. Milch zum Beispiel, die einen sehr niedrigen GI hat, stimuliert die Insulinausschüttung durch die Freisetzung von Inkretin (einer Gruppe Hormone die den Blutzuckerspiegel senken) und durch insulinotropische Aminosäuren (Aminosäuren, die die Insulinproduktion stimulieren).

Vollweizenbrot, sagt Davis, bedingt einen höheren Blutzucker als Kidneybohnen oder Kartoffelchips. Das ist richtig und dafür gibt es mehrere Gründe. Bohnen enthalten viele Ballaststoffe, davon einige lösliche, die den Blutzucker senken. Außerdem sind die Kohlenhydrate in Bohnen nicht so leicht verfügbar wie die in Brot. Kartoffelchips haben einen geringeren Blutzuckeranstieg zur Folge, weil sie gut 35% Fett enthalten und weil Fett die Wirksamkeit des Enzyms Amylase behindert und so die Verdauung der Kohlenhydrate bremst. Darüber hinaus ist die Stärke in Kartoffelchips gekocht und anschließend abgekühlt worden, weshalb die Stärkemoleküle kristallisiert sind und daher einen niedrigeren Blutzuckeranstieg zur Folge haben.[19]

Auch die Stärke in Weizen sei einzigartig und würde sehr effizient in Blutzucker umgewandelt, behauptet Dr. Davis. Das in Weizen enthaltene Amylopektin ist dem in anderen Getreidearten und anderen Nahrungsmitteln ähnlich und auch die enthaltene Menge ist vergleichbar. Davis sagt, Weizen hätte eine A Struktur, während Bananen und Kartoffeln eine B Struktur hätten. Entgegen Davis' Behauptung dass die Stärke aus Weizen schneller in Blutzucker umgewandelt würde als jede andere Stärke aus Nahrungsmitteln, steigt der Blutzucker nach dem Genuss von Kartoffeln oder Taro genauso schnell. Darüber hinaus werden manche Getreide die auf einen hohen Gehalt an Amylose gezüchtet wurden, wie manche Weizen- oder Maissorten, eher langsam verdaut oder sogar überhaupt nicht, da die Stärke sich in resistente Stärke verwandelt. Resistente Stärke, nicht zu verwechseln mit modifizierter Stärke, kann vom menschlichen Immunsystem nicht aufgespalten werden. Sie zählt zu den Ballaststoffen. Einige unserer Darmbewohner können diese Stärke für uns fermentieren und daraus kurzkettige Fettsäuren herstellen, die sogenannten SCFAs (short-chain-fatty-acids). Diese SCFAs ernähren unter anderem die Zellen des Dickdarms.[20] Über die Rolle und Funktion dieser Ballaststoffe in Bezug auf die Dickdarmgesundheit wird unter anderem derzeit am Max-Rubner Institut in Detmold geforscht.[21]

Es gibt mehrere Faktoren die das Tempo bestimmen in dem Glucose den Blutfluss erreicht. Darunter ist das Verhältnis von Amylose zu Amylopektin. Amylose ist der resistentere Anteil der Stärke und gehört zu den Präbiotika. Die Verzweigung des Amylopectins spielt eine Rolle, der Anteil gelatinierter Stärke (durch Wasser und Hitze), die Kettenlänge der Amylose- und Amylopectinverzweigungen und die Struktur der Stärkekörnchen. Diese Faktoren unterscheiden sich je nach Pflanze und Sorte. Man unterscheidet Typ A, B und C Stärken nach ihren kristallinen Strukturen. Die Doppelhelixketten des Amylopektins können offener oder dichter gepackt sein. Typ A Stärke findet sich nicht ausschließlich in Weizen, wie Dr. Davis behauptet, sondern in den meisten Getreiden. In diesen Stärken liegen die Ketten an der Außenseite der Moleküle, wo sie von dem Enzym Amylase leichter abgetrennt werden können. Dieser leichte Zugang des Enzyms sorgt tatsächlich dafür, dass Glucose schneller ins Blut gelangt.

Typ B Stärken verfügen über längere Ketten von Glucoseeinheiten, können in ein größeres Molekül eingebettet und dadurch für die Amylase schwerer zu erreichen sein. Typ B Stärke findet man zum Beispiel in unreifen Bananen und roher Kartoffelstärke.

Das sind alles interessante Fakten, aber ihre Relevanz für die alltägliche menschliche Ernährung ist fraglich, da wir relativ wenig rohe Stärke aus Pflanzen wie unreifen Bananen oder rohen Kartoffeln zu uns nehmen und zudem Weizenbrot oder Gebäck in Kombination mit Fett essen. Das Fett behindert das Enzym Amylase in seiner Arbeit, weswegen es das Amylopektin nicht so schnell zerlegen kann und der Blutzucker deswegen auch weniger schnell ansteigt.

Davis erwähnt richtigerweise dass die Stärke aus Hülsenfrüchten dem Typ C entspricht, welcher eine Kombination der Typen A und B darstellt und am langsamsten verdaut wird.[22]

Weizen sei zudem eine Allergenquelle, so Dr. Davis. Das ist nicht ganz neu. Die Rolle von Weizen als Allergen ist seit römischer Zeit als Bäckerasthma bekannt. Weizen ist eines der "Großen Acht" Allergene, also eins der am weitesten verbreiteten Allergene in der westlichen Welt. Einige der Weizenproteine können Allergien auslösen, besonders die Speicherproteine des Samenkorns. Die meisten Reaktionen ruft das Gliadin hervor. Das W-5-Gliadin ist verantwortlich für eine durch Weizen und Sport ausgelöste anaphylaktische Reaktion (Wheat-dependent exercise-induced anaphylaxis, abgekürzt WDEIA). Menschen die sich beispielsweise mit einer weizenhaltigen Creme eingecremt hatten, sind später beim Sport zusammengebrochen. Dasselbe Protein könnte auch für Weizenallergien kleiner Kinder verantwortlich sein. Daneben gibt es Allergien auf Albumine, Globuline und Enzyminhibitoren.

Nach Dr. Davis ist Weizen die Ursache für Autismus und wird ebenso mit der Verschlimmerung von Symptomen von ADS und ADHS in Verbindung gebracht. Es gibt Fallberichte die eine Verbindung zwischen Autismus und Zöliakie nahelegen. Allerdings gibt es wenig Daten. Zu Autismus gibt es eine randomisierte klinische Studie, deren Ergebnisse nicht schlüssig waren. Sie wurden in einem Cochrane Review, dem Goldstandard für Reviews, zusammengefasst. Dr. Fasano, ein bekannter Zöliakie Forscher am Center for Celiac Research in Baltimore, Massachusetts meint obwohl die kasein- und glutenfreie Diät derzeit landläufig als Behandlungsmöglichkeit für Autismus angesehen wird könnte deren Popularität damit zusammenhängen, dass sie im Gegensatz zu anderen Behandlungen preisgünstig ist. Nach Dr. Fasano ist die Datenlage zur Wirksamkeit von kasein- und glutenfreien Diäten nicht eindeutig. Zudem gibt es zu wenige Studien die die Verbindung zwischen Weizen und Hyperaktivität in Menschen aufzeigen, auch wenn die Empfindlichkeit gegenüber einigen Nahrungsmitteln aufgrund von Einzelberichten schon länger als Ursache für ADHS vermutet wird. Studien mit wenigen Teilnehmern zeigten keine Verbesserung der Symptome auf einer glutenfreien Diät. Eine Studie zeigte sogar eine Verschlimmerung des Verhaltens mit einer glutenfreien Diät.

Ein weiterer Vorwurf von Dr. Davis besagt die Zunahme von Zöliakieerkrankungen ginge einher mit der Zunahme anderer Erkrankungen wie Diabetes und Multipler Sklerose. Es gibt tatsächlich mehr Zöliakieerkrankungen, so wie es auch mehr Autoimmunerkrankungen gibt. Über die Ursachen gibt es verschiedene Theorien von Umweltfaktoren und oxidativem Stress über die Hygienetheorie und Veränderungen der Darmflora. Zudem ist die Wahrscheinlichkeit hoch dass Patienten die bereits an einer Autoimmunerkrankung leiden auch an weiteren Autoimmunerkrankungen leiden werden. Familienangehörige haben eine ähnliche genetische Veranlagung an Autoimmunkrankheiten zu erkranken.

Auch das Risiko an Diabetes Typ II zu erkranken sei für Zöliakiepatienten um das zwanzigfache höher als für andere Menschen. Bekannt ist dass Kinder mit Zöliakie gefährdet sind an Typ I Diabetes zu erkranken und eine zwanzigfach erhöhte Wahrscheinlichkeit haben, Weizenantikörper zu haben, so Dr. Davis.

Tatsächlich gibt es eine Verbindung zwischen Zöliakie und Typ I Diabetes. Das Risiko an Typ I Diabetes zu erkranken ist bei Zöliakiepatienten um das fünf- bis zwanzigfache erhöht gegenüber der restlichen Bevölkerung.

Nach Dr. Davis reduziert die Eliminierung von Weizengluten aus der Nahrung von genetisch prädisponierten Mäusen deren Wahrscheinlichkeit an Diabetes Typ I zu erkranken von 64 auf 15%. Das Weglassen von Weizengluten aus der Diät von nicht fettleibigen diabetischen Mäusen hat tatsächlich gezeigt, dass die Rate an Typ I Diabetes sich verringerte. Davis erwähnt, dass solche Studien bisher nicht an Menschen durchgeführt worden wären. Aber in einer Studie aus dem Jahr 2004 mit Kindern die ein hohes Risiko an Diabetes Typ I zu erkranken aufwiesen weil ein Verwandter ersten Grades an Typ I Diabetes erkrankt war, zeigte sich, dass unter einer glutenfreien Diät der IgG Gliadin Antikörper Titer reduziert wurde, jedoch wurden die spezifischen Autoantikörper die mit Typ I Diabetes einhergehen davon nicht beeinflusst. Die Verlaufskontrolle nach 5 Jahren zeigte dass die glutenfreie Ernährung das Auftreten und die Entwicklung des Typ I Diabetes weder verhinderte noch verzögerte. Die verfügbaren Daten widersprechen also Davis' Behauptung, dass das Weglassen von Gluten die Verbreitung von Typ I Diabetes verringern wird.

Darüber hinaus zeigte eine Kohortstudie an Kindern mit dem Risiko an Diabetes Typ I zu erkranken, dass sie ein höheres Erkrankungsrisiko an Autoimmunerkrankungen hatten wenn sie vor dem dritten oder nach dem siebten Lebensmonat mit Getreide in Kontakt kamen, als wenn sie zwischen dem vierten und dem sechsten Lebensmonat damit in Kontakt kamen. Daraus schloss man dass sowohl eine sehr frühe als auch eine zu späte Einführung von Getreide in die Säuglingsernährung zur Anfälligkeit gegenüber Autoimmunerkrankungen führen könnte. In einer 10 Jahre dauernden Studie an der auch Dr. Alessio Fasano mitarbeitete hat sich jedoch die Hoffnung zerschlagen, dass man mit dem Zeitpunkt der Einführung von Weizen in den kindlichen Speiseplan den Ausbruch einer Zöliakieerkrankung verhindern oder verzögern könnte. Danach bliebe als Schlüssel zu dem Rätsel nur noch die Zugehörigkeit zu einem bestimmten Genotypen (HLA-DQx) übrig.[23]

Es gibt auch Besorgnis erregende Daten über Typ I Diabetes und Gluten. Bei einer kleinen Anzahl von Patienten mit Typ I Diabetes zeigt eine Dünndarmbiopsie Schleimhautentzündungen. In vitro konnte diese entzündliche Veränderung als Antwort auf Gliadin nachvollzogen werden. Wenn im Magen zu wenig Magensäure vorhanden ist, können Eiweiße nicht ausreichend aufgespalten werden. Dann gelangen zu große Peptidmoleküle in den Dünndarm, die dort nicht weiterverarbeitet werden können und bei einem Leaky Gut ins Blut gelangen können.

Dr. Davis behauptet, niemand würde zum Diabetiker wenn er sich an dem Wildschwein vollfrißt, dass er erlegt hat oder von den wilden Beeren die er gesammelt hat oder der Forelle die er gefangen hat. Alte Kulturen, wie die Natufians, hatten keinen Diabetes. Allerdings gibt es keine Daten über die Häufigkeit von Diabetes in Kulturen wie den Natufians. Das

Hauptproblem der meisten alten Kulturen war es, genügend Kalorien für ihre kalorienraubende Lebensweise zusammenzubekommen. Obwohl selten, kam es durchaus zu Übergewicht, und so mögen diese Kulturen auch die prinzipielle Anfälligkeit für Diabetes gehabt haben. Darüber hinaus war die durchschnittliche Lebenserwartung gering, so dass diese Leute gar nicht alt genug wurden um in das Alter zu kommen, in dem Diabetes Typ II am häufigsten auftritt. Ein zu viel von jedem Nahrungsmittel, auch Wildschwein, kann Übergewicht und Abweichungen bei Blutfetten und Blutzucker auslösen.

Derweil mehren sich die Studienergebnisse die zeigen dass der Verzehr von rotem Fleisch das Risiko an Diabetes Typ 2 zu erkranken erhöht.[24]

Dr. Davis weist darauf hin, dass Zonulin die Durchlässigkeit der Darmschleimhaut reguliert und Gliadine die Freisetzung von Zonulin auslösen. Das Signalprotein Zonulin kontrolliert die Durchlässigkeit der Darmschleinhaut, die Blut-Hirn-Schranke und die Lungenepithelien. Es wird vermutet dass Gliadin die Ausschüttung von Zonulin stimuliert und damit zu der Entstehung eines Leaky Gut und Autoimmunkrankheiten beiträgt. Die Ergebnisse sind nicht so eindeutig, wie Davis sie darstellt. Gliadin erhöht die Durchlässigkeit der Darmschleimhaut in Patienten mit Zöliakie und NCGS, aber viel weniger in Patienten die eine Zöliakie ausgeheilt haben und in nicht-Zöliakie oder -NCGS Patienten.[25]

In einem Vortrag vor Functional Medicine Practitioners in Kalifornien im Jahr 2016 erwähnt der Entdecker des Zonulins, Dr. Alessio Fasano, dass dieses Signalprotein momentan das einzige sei, welches den Forschern bekannt sei. Da aber wichtige Systeme im Körper immer redundant ausgelegt seien sei es wahrscheinlich, dass über kurz oder lang noch weitere Signalproteine und Mechanismen entdeckt würden.[26]

Davis behauptet, Rheumatoide Arthritis sei durch das Weglassen von Gluten aus der Diät geheilt worden. Rheumatoide Arthritis ist eine Krankheit bei der es immer wieder Remissionen, beschwerdefreie Intervalle, geben kann. Eine Studie zu Nahrungsmittelintoleranzen bei 350 an rheumatoider Arthritis erkrankten Patienten zeigte dass unter ihnen nicht mehr auf Gluten reagierten als unter der Normalbevölkerung. Auch unter direkten Verwandten von Zöliakiepatienten war die Zahl derer die an rheumatoider Arthritis erkrankten nicht signifikant erhöht, juvenile Formen von Arthritis dagegen schon. Im Gegensatz zu Davis' Behauptung reduzierte der Extrakt eines fermentierten Weizenkeimlings in einer Studie den Bedarf an Arthritis Medikamenten. Auch Gewichtsverlust reduziert die schädlichen Effekte der Arthritis, weshalb manche 'Heilung' von Arthritispatienten einfach auf den Gewichtsverlust zurückzuführen sein könnte.[27]

Davis sagt, der menschliche Körper bevorzugt eine alkalische Diät die aus Früchten und Gemüse besteht und die es den Osteoklasten schwer macht, Knochen aufzulösen, gegenüber einer sauren Diät. Aber das Thema Diät und Osteoporose wird noch kontrovers diskutiert. Davis' Empfehlungen sind jedenfalls inkonsistent. Er meidet Getreide wegen seiner säureproduzierenden Eigenschaften, empfiehlt aber den großzügigen Verzehr von Käse und Fleisch, die wesentlich stärker säuern. Dann verbannt er getrocknete Früchte aus der Diät weil sie angeblich sehr viel Säure erzeugen würden, aber Rosinen haben nachgewiesenermaßen die stärkste alkalisierende Wirkung überhaupt.[28]

Davis sagt weiter, tierisches Protein kurbelt die IGF-1 Produktion an und hilft beim Aufbau von Knochen, während Gluten zur Resorption von Knochen führt. IGF-1 hilft tatsächlich beim Aufbau von Knochen. Was aber die Wirkung von tierischem Eiweiß auf den Knochenstatus angeht, so gibt es Studien die zeigen dass tierisches Eiweiß beim Aufbau und der Mineralisierung von Knochen hilft, aber auch Studien die zeigen, dass Diäten die reich an tierischem Eiweiß sind die Knochendichte verringern. Zwei Studien die Davis zur Unterstützung seiner Behauptungen zitiert, unterstützen diese tatsächlich nicht. Eine zeigt dass mehr Gemüse und weniger tierische Produkte gegessen werden sollten. Die andere zeigt dass das pflanzliche Protein Gluten offenbar keinen negativen Effekt auf die Kalziumbalance hat, trotz erhöhter Ausscheidung von Kalzium im Urin. Sehr niedrige oder sehr hohe IGF-1 Spiegel sind gleichermaßen problematisch. Bei Erwachsenen wird ein hoher IGF-1 Spiegel mit beschleunigter Alterung, sowie Krebs und vorzeitigem Tod in Verbindung gebracht. In älteren Menschen wird ein zu niedriger IGF-1 Spiegel mit Gebrechlichkeit in Verbindung gebracht.[29]

Davis behauptet, Kohlenhydrate aus der Nahrung, besonders die von Weizen, resultieren in Advanced Glycation Endproducts (AGEs). AGEs sind an den Komplikationen von Diabetes beteiligt und verursachen alles, von Demenz bis zu erektiler Dysfunktion. AGEs findet man im Blut von Diabetikern, da ein Zuviel an Glucose zur Bildung von AGEs führt. AGEs sind Verbindungen von Glucose mit Fetten oder Eiweißen und sie werden für die diabetischen Folgeschäden verantwortlich gemacht. AGEs können auch direkt aus der Ernährung kommen nämlich aus Gebratenem, Fleisch, gerösteter oder gebratener Stärke

(Bratkartoffeln, Brot, Kekse, kalte Cerealien).[30] AGEs werden als Biomarker des Alterungsprozesses angesehen und treten mit verschiedenen degenerativen Krankheiten auf. Bei Patienten mit Prädiabetes und Diabetes entstehen größere Mengen an AGEs. Die von Davis empfohlene Diät, die sehr fleischreich ist, ist durchaus geeignet die AGEs zu erhöhen. Fleisch enthält sehr viel AGEs, gerade auch nach dem Kochen, während kohlenhydratreiche Nahrungsmittel wie Obst, Gemüse, Getreide und Milch sogar nach dem Kochen weniger AGEs enthalten. Davis' empfohlene Diät ist also nicht geeignet AGEs in Schach zu halten.

Dr. Davis erklärt dass Weizen die Bildung von kleinen, dichten, sehr schädlichen LDL Partikeln verursacht. Diäten mit hohem Kohlenhydratanteil erhöhen den Anteil an dichten atherogenen (Arterosklerose erzeugende) LDL Partikeln. Aber Diäten mit den empfohlenen Kohlenhydratanteilen und guten Fetten veranlassen den Körper die gewünschten großen LDL Partikel zu bilden. Darüber hinaus verursachen die Kohlenhydrate in Weizen nicht mehr als andere Kohlenhydrate die Bildung kleiner LDL Partikel. Mit Gewichtsverlust und Bewegung lassen sich die kleinen LDL Partikel am besten verringern. Um das beste Verhältnis von kleinen zu großen LDL Partikeln zu erreichen, benötigt man ausreichend Omega 3 Fettsäuren in der Nahrung. Eine Diät mit moderatem Anteil an Kohlenhydraten, wie zum Beispiel die Mediterrane Diät, leistet das.

Davis meint eine erneute Analyse von Colin Campbells Daten (aus der China Studie) zeigt dass die Auslegung von Vorurteilen geprägt war und dass koronare Herzkrankheiten mit dem Verzehr von Weizenmehl in Verbindung stehen. Im Jahr 2005 wurde von T. Colin Campbell und seinem Sohn das Buch "The

China Study" veröffentlicht, welches die Daten der von Campbell und anderen Forschern über 20 Jahre an 6.000 auf dem Land lebenden Chinesen durchgeführt wurde (China-Cornell-Oxford Project). In diesem Projekt wurden die Ernährung und Lebensweise der Teilnehmer untersucht. Die Studie zeigte dass

1) ein hoher Konsum an tierischen Nahrungsmitten, im Gegensatz zu einer pflanzenbasierten Ernährung, mit mehr chronischen Krankheiten einherging,

2) Low-Carb Diäten mit einem hohen Anteil an tierischen Lebensmitteln mit mehr Krankheiten einhergingen.

Mit Davis' These dass diese Studie voreingenommen sei gibt es, so Julie Jones, mehrere Probleme. Zunächst einmal wäre eine erneute Analyse der Daten schwierig und sie müsste dem gleichen wissenschaftlichen Review Prozess unterliegen wie die ursprüngliche Analyse. Im Internet kursieren Artikel und Videos von verschiedenen Autoren die meinen, die Ergebnisse der China Studie als falsch entlarvt zu haben, aber diese Autoren unterliegen nicht dem wissenschaftlichen Revisionsprozess. Das ist ein Betätigungsfeld geworden für Leute die ein grundsätzliches Problem mit veganer Ernährung haben. Außerdem ist Reis, nicht Weizen, das Hauptnahrungsmittel in China, weshalb es nicht möglich ist aus diesen Daten überhaupt Aussagen über Weizen herauszulesen. Zudem gibt es eine Anzahl Studien die die Vorteile einer pflanzenbasierten Ernährung zeigen.

Dr. Davis behauptet zudem, das Weglassen von Weizen würde Akne und ähnliche Verunstaltungen der Haut heilen, sowie Alopecia areata. Bantus hätten mit ihrer ursprünglichen, weizenfreien Diät keine Akne, aber Bantus die in westlichen Ländern leben, entwickelten Akne. Weizen lockt Insulin, welches wiederum IGF-1 erhöht und das resultiere in der Produktion von Sebum. Der hohe GI in Sucrose und Weizen in Doughnuts und Keksen würde Akne verursachen. Übergewichtige und fettleibige Teenager würden dick aufgrund der Kohlenhydrate aus Getreide, und je schwergewichtiger das Kind, desto eher entwickele es Akne.

Abgesehen von der Naturromantik ist diese Art deduktiver Argumentation beunruhigend. Es gibt mehrere Probleme mit dieser Art Schlussfolgerungen zu ziehen. Zunächst mal gibt es keine Dokumentation dass Bantus keine Akne hätten. Ein Umzug in ein westliches Land resultiert in einer Vielzahl an Änderungen in Diät und Lebensweise, daher ist es grob vereinfachend zu sagen, dass Weizen die einzig ausschlaggebende Veränderung sei. Viele die in ein westliches Land auswandern werden dicker und essen normalerweise mehr Fleisch, Fett und Kalorien insgesamt. Zudem leben sie dann in einer Umgebung mit weniger Keimen und sind eher der Behandlung mit Antibiotika ausgesetzt. Die wenigen Studien die es über einen eventuellen Zusammenhang von Kohlenhydraten in der Ernährung und Akne gibt, zeigen keine ursächliche Verbindung. Eine Studie, die in der Medline Datenbank zu finden ist zeigt sogar, dass Verbindungen im Weizenkorn gegen Akne schützen können.

Es gibt zwei Studien zum Thema Gluten und Akne, die sich aber mit Dermatitis herpetiformis befassen, einer Hautkrankheit die bei Zöliakiepatienten auftritt. Alle Fundstellen für die Suchbegriffe Dermatitis und Weizen befassen sich mit Allergien und Glutenintoleranz.

Nährstoffe und Anti-Nährstoffe

Wir haben vermutlich alle eine ungefähre Ahnung davon, was Nährstoffe sind. Es gibt Mikro- und Makronährstoffe. Zu den Makronährstoffen gehören Eiweiße, Fette und Kohlenhydrate. Sie sind unsere Energielieferanten. Man könnte das Wasser noch dazuzählen, aber da es keinen direkten Nährwert für den Körper hat, wird es separat betrachtet. Mikronährstoffe dagegen sind Stoffe, die der Körper braucht um Stoffwechselvorgänge zu ermöglichen. Das sind zum Beispiel Vitamine, Mineralien und Spurenelemente. Sie liefern keine Energie, sind aber notwendig. Ohne eine gute Versorgung mit Mikronährstoffen kann unser Körper nicht oder nur eingeschränkt funktionieren. Bei lang anhaltender Unterversorgung mit Mikronährstoffen kommt es zu Funktionsstörungen und Mangelkrankheiten.

Was sind nun Anti-Nährstoffe? Die englischsprachige Wikipedia, eine entsprechende deutschsprachige Seite war nicht verfügbar,[31] definiert Anti-Nährstoffe als natürliche oder synthetische Verbindungen, die die Aufnahme von Nährstoffen beeinträchtigen. Dazu zählt man unter anderem die Phytinsäure, die in Getreide und Nüssen vorkommt. Dazu zählt man auch Enzyminhibitoren, die die Arbeit von Verdauungsenzymen beeinträchtigen. Auch die Oxalsäure, die in Spinat und Rhabarber vorkommt, und die Aufnahme von Calcium behindert, zählt dazu. Außerdem gehören Lektine, Flavonoide und Saponine zu den Anti-Nährstoffen. Zumindest von Phytinsäure und Lektinen hat sicher schon jeder gehört, der sich in den letzten Jahren mit dem Thema gesunde Ernährung auseinandergesetzt hat. Um die Lebensmittel die diese Stoffe enthalten wird besonders in der Paleobewegung gestritten. Tatsache ist, dass in fast allen Lebensmitteln von Natur aus Stoffe enthalten sind, die als Anti-Nährstoffe bezeichnet werden müssen. Stoffe die unserer Verdauung die Aufnahme von Nährstoffen erschweren, haben für die Pflanzen einen Sinn. Im Interesse der Pflanzen ist es, Früchte oder Nektar als Lohn für fleißige Bestäuber oder Verteiler von Samen anzubieten. Gefressen zu werden ist nicht ihr Ziel. Daher mussten sich Tiere und Menschen etwas einfallen lassen, um sich Pflanzen als Nahrung zu erschließen. Die zu diesem Zweck ersonnenen Methoden haben alle ihre Vor- und Nachteile. Viele Tiere haben sich mit speziellen Verdauungsenzymen gewappnet und damit aber auch auf bestimmte Pflanzenarten spezialisiert. Das geht so lange gut, wie diese Pflanzenart nicht durch Klimaveränderungen oder Ausrottung durch den Menschen bedroht ist. Spezialisierung ist ein Risiko. Sie sorgt zwar dafür dass eine bestimmte Pflanzenart den Spezialisten vorbehalten bleibt, also weniger Konkurrenz herrscht, aber wenn es mit den Pflanzen zu Ende geht, dann war es das. Dann bleibt unter Umständen für ein höheres Lebewesen nicht genügend Zeit, diese Spezialisierung rückgängig zu machen.

Der Mensch ist auf verschiedene Ideen gekommen um sich pflanzliche Nahrungsmittel zu erschließen. Die Domestizierung und Züchtung von Gemüse und Getreide und Hülsenfrüchten hat den Anteil der in diesen Lebensmittel enthaltenen Anti-Nährstoffe sinken lassen. Aber schon bevor Menschen daran gingen sich ihre Lebensmittel verträglicher zu züchten haben sie die Anti-Nährstoffe in Lebensmitteln durch Fermentieren und Kochen unschädlich gemacht. Auf diese Weise ließ sich der Speiseplan erweitern und die Überlebensfähigkeit der Gruppe verbessern.

Dagegen diskutiert man sich heute in manchen Kreisen schwindlig darüber, ob die Lebensmittel die Anti-Nährstoffe enthalten überhaupt zu einer gesunden menschlichen Ernährung dazugehören sollten. Hat die Natur uns zu Getreideessern gemacht? Vermutlich nicht. Sie hat uns aber auch nicht zu Gemüseessern gemacht, denn auch Gemüse und Blätter können Anti-Nährstoffe enthalten und mussten erst durch Züchtung entschärft werden, zumal die Gemüse, genau wie Grassamen, auch erst auf ihre heutige Größe gezüchtet werden mussten, denn an den Vorfahren unserer Gemüse hätte man sich hungrig gegessen. Die Natur hat uns auch nicht zu Fleischessern gemacht. Bevor wir über artgerechte Ernährung philosophieren und uns den Luxus leisten nährstoffreiche Lebensmittel aufgrund inkonsequenter Einteilung in artgerecht oder nicht vom Speiseplan verbannen, sollten wir uns genau anschauen wie wir von der Natur ausgestattet wurden. Wären wir etwa in der Lage, ein Mammut mit unseren eigenen Händen und Zähnen zu töten, zu reißen wie man das bei Raubtieren nennt? Oder könnten wir einem Schwein die Kehle durchbeißen? Viel Spaß bei dem Versuch. Wir können nur deshalb Fleisch essen, weil wir Werkzeuge zum Töten und zum Zerteilen von Tieren erfunden haben. Auf der anderen Seite haben wir auch Techniken entwickelt, um Anti-Nährstoffe unschädlich zu machen. Es ist nicht so einfach zu entscheiden was denn nun für uns heutige Zivilisations- und Wohlstandsmenschen artgerecht ist. Möglicherweise ist es auch nicht kriegsentscheidend irgendwo eine gerade Linie zu ziehen und zu sagen, links ist artgerecht und rechts ist Zivilisationsunfug. Wir leben nicht mehr in Höhlen und in vereinzelten Gruppen in der Steppe. Wir sitzen bis auf weiteres mit 7,4 Milliarden Menschen auf diesem blauen Planeten fest. Selbst für den Fall dass wir in absehbarer Zeit die Raumfahrt so weit vorangetrieben hätten, dass wir einen bewohnbaren Planeten ansteuern könnten auf dem essbare Pflanzen wachsen, so ist doch zu vermuten dass sich auf einer solchen Welt auch Lebewesen entwickelt hätten, die von diesen Pflanzen leben. Die würden uns kaum mit offenen Armen empfangen und von ihren Tellerchen essen lassen. Es bleibt uns nichts anderes übrig, als mit dem zurechtzukommen was der blaue Planet hergibt und wir täten gut daran diese Tatsache bei allen Diskussionen um artgerechte Ernährung im Hinterkopf zu behalten. Nahrungsmittel in Gut und Böse einzuteilen wird uns beim Überleben eher hinderlich sein. Mit einem entschiedenen Sowohl-als auch, wie es in asiatischen Gesundheitssystemen wie dem Ayurveda und der Traditionellen Chinesischen Medizin praktiziert wird, werden wir mehr Erfolg haben.

In den aktuellen Auseinandersetzungen über Weizen wird gern vergessen, dass Weizen einen großen Beitrag zur Ernährung leistet. Eine britische Studie zeigte, dass 11% des täglichen Proteinbedarfs durch Brot gedeckt wird, 18-21% der Ballaststoffe, 15-16% des Vitamins B1, 10-11% des Vitamins B3, 12% der Folsäure, 15-16% des Eisens, 15-19% des Calciums und wesentliche Mengen anderer Mikronährstoffe. Mehrere Studien haben gezeigt dass glutenfreie Produkte weniger Nährstoffe enthalten als konventionelle Nahrungsmittel. Daher müssen glutenfreie Produkte unbedingt noch bezüglich ihrer Nährstoffgehalte optimiert werden, um Mangelerscheinungen bei Zöliakie Patienten und Menschen die sich vorübergehend glutenfrei ernähren müssen zu verhüten.[32]

Sehen wir uns nun einige ausgewählte Inhaltsstoffe des Weizens an, die gerade heiß diskutiert werden.

Die Phytinsäure

Phytinsäure, auch Phytat, die außer in Getreide auch in Hülsenfrüchten und Nüssen enthalten ist, ist das Mittel das Pflanzen einsetzen um Phosphor und Ionen von Kalium-, Magnesium-, Calcium-, Mangan-, Barium- und Eisen-II-Ionen zu speichern. Sie wird im Getreidekorn besonders in der Kleie eingelagert. Für Menschen und Tiere mit nur einem Magen sind die so gebundenen Mineralien nicht leicht verfügbar. Zudem hemmt die Phytinsäure wichtige Verdauungsenzyme wie Pepsin, Amylase und Trypsin.[33] Das hört sich nach einem klaren Fall an. Kein Getreide, keine Hülsenfrüchte und keine Nüsse essen, also auch kein Mineralmangel und die Verdauungsenzyme werden nicht behelligt. Das kann man natürlich so machen, aber dann müsste man sehr genau hinterfragen wie die eigenen Ernährung ohne diese Lebensmittel aussehen soll, damit alle notwendigen Nährstoffe in den notwendigen Mengen enthalten sind, von ausreichend Ballaststoffen nicht zu reden.

Um diese phytinsäurehaltigen Nahrungsmittel trotzdem nutzen zu können, haben unsere Vorfahren bestimmte Vorverarbeitungsmethoden entwickelt, die wir auch heute noch weitgehend anwenden. Der Gehalt an Phytinsäure ist zudem in Pflanzen die auf mit Phosphatdünger angereicherten landwirtschaftlichen Flächen gewachsen sind besonders hoch, was die Vorbearbeitung des Getreides umso wichtiger macht. Etwa die Hälfte der Phytinsäure wird durch Wässern und Säuern unschädlich gemacht, der Rest bleibt im Nahrungsmittel enthalten. Wer zum Beispiel Weizenkörner kochen und zu seinem Gemüse essen möchte, der tut gut daran die Körner über Nacht einzuweichen.

Auch traditioneller Sauerteig enthält wenig Phytinsäure, weil durch Wässern und die Arbeit der Laktobakterien Phytinsäure abgebaut wird. Ein langsam geführter Hefeteig enthält ebenfalls nicht mehr viel Phytinsäure. Lösen wir die Phytinsäure überhaupt nicht vor dem Verzehr aus den Pflanzen heraus, dann verstärken wir damit den ohnehin dramatischen Mineralmangel in unserer Nahrung. Bei einer Diät mit einem hohen Anteil an Phytinsäure muss viel Kalzium zugeführt werden, damit der Phosphor an das Kalzium gebunden werden kann. Traditionell wird zum Beispiel Sauerteigbrot mit Käse kombiniert, das Brot enthält den durch Säuerung verfügbar gemachten Phosphor, der Käse das Kalzium. In einer Ackerbaugesellschaft wurde der Ackerbau mit Viehzucht kombiniert. Die Leute aßen z.B. Roggenbrot mit selbst hergestelltem Käse. Fleisch gab es selten. Die Phytinsäure hemmt ebenfalls die Aufnahme von Eisen. Dieser Effekt kann durch die gleichzeitige Aufnahme von Vitamin C aufgehoben werden. So kann man beispielsweise Reis mit Kohl oder fermentiertem Gemüse zusammen essen. Auch Vitamin A und Betacarotin binden sich mit dem Eisen aus der Nahrung und machen es verfügbar. Daher sollten phytatreiche Nahrungsmittel zusammen mit tierischen Fetten und betacarotinreichen Gemüsen verzehrt werden.

Phytase

Phytase ist ein Enzym welches die Phytinsäure neutralisiert und den darin gebundenen Phosphor herauslöst. Wiederkäuer wie Kühe, Schafe und Ziegen haben mehrere Mägen, in denen Mikroorganismen leben, die Phytase produzieren. Aber auch Tiere mit nur einem Magen sowie Menschen produzieren Phytase, nur viel weniger. Auch Bakterien im menschlichen Darm, darunter vor allem Lactobakterien und Bifidobakterien, können Phytase produzieren. Menschen mit einer vielfältigen Darmflora haben also kein Problem mit dem Verzehr von phytinsäurereichen Nahrungsmitteln und dem Aufschließen der darin enthaltenen Mineralien. Aber die Vielfalt der menschlichen Darmflora hat unter den Bedingungen die wir unseren Bakterien heute bieten, mit stark verarbeiteten Nahrungsmitteln, einseitiger Kost und Antibiotika, sehr gelitten. Das erklärt womöglich, warum erst heute so viele Menschen unter dem Verzehr von Getreide leiden und warum unsere Vorfahren eben diese Probleme nicht hatten. Wir sollten also unbedingt danach streben unsere Darmflora in Ordnung zu bringen. Dazu können wir uns mit dem Verzehr von fermentiertem Gemüse behelfen, welches ja von Laktobakterien verarbeitet wurde. Eine gute Darmflora und fermentierte Gemüse mit den phytinsäurehaltigen Getreiden zu kombinieren, hilft an die Mineralien heran zu kommen. Ein weiterer Weg um Phytase zu aktivieren ist das Keimen von Getreide. Man kennt das von dem sogenannten Essener Brot, das aus nicht erhitztem gekeimten Getreide besteht. Mehl und Getreide welches in einem sauren Medium bei höheren Temperaturen eingeweicht wird aktiviert ebenfalls das Enzym Phytase und kann Phytate nahezu eliminieren. Der traditionell langsam geführte Sauerteig erfüllt diese Bedingung mehr als die üblichen Hefeteige. Sauerteig erhöht also die Bioverfügbarkeit der im Brot enthaltenen Mineralien.

Unter Hitze gepresstes Getreide, wie es für Frühstückscerealien verwendet wird, zerstört die im Getreide selbst enthaltene Phytase. Dampfpressung bei 80°C oder wässrige Lösung bei 55 bis 65°C zerstören ebenfalls die Phytase. Nimmt man also viele der so vorbehandelten Getreide zu sich, führt das unter Umständen zu Verdauungsproblemen und Mineralienmangel. Frisch gemahlenes Mehl hat einen höheren Anteil an Phytase als Mehl welches längere Zeit gelagert wurde, allerdings lässt sich längere Zeit gelagertes Mehl besser verarbeiten. Bäcker bevorzugen Mehl dass gelagert wurde, weil es bessere Backeigenschaften hat. Dieser Lagerungsvorgang wird Mehlreife genannt. Das Vermahlen aktiviert Enzyme. Dieser Vorgang kann durch Zugabe von Ascorbinsäure beschleunigt werden. Mit der Zeit nimmt dann die Enzymtätigkeit ab und Proteine werden weniger löslich.

Ein hoher Konsum an Phytinsäure verbraucht außerdem Vitamin D. Nun wurde uns ja in den vergangenen Jahrzehnten eingeschärft uns nicht der Sonne auszusetzen und so haben heute leider viele Menschen einen niedrigen Vitamin D Spiegel. Zu allem Überfluss verbringen wir ohnehin die meiste Zeit in geschlossenen Räumen und benutzen zudem Gesichtscreme, die mit UV-Schutz versetzt ist.

Phytinsäure bindet also Mineralien und die müssen durch Wässern oder Fermentieren (Säuerung) verfügbar gemacht werden. Ein bisschen was von der Phytinsäure bleibt aber drin im Teig. Darauf weisen auch Anhänger der Paleoernährung gerne hin. Dieser Rest an Phytinsäure, der übrigens auch bei eingeweichten Nüssen übrig bleibt die in der Paleoküche verwendet werden, erfüllt einen sehr sinnvollen Zweck. Weizenkleie und Phytinsäure haben einen positiven Effekt auf den programmierten Zelltod von Dickdarmzellen. Sie können damit Dickdarmkrebs verhüten helfen.[34] Zudem gibt es Hinweise darauf, dass Phytinsäure die Bildung von Freien Radikalen verhindern kann, die Aufnahme von Glucose nach dem Essen verzögert und Cholesterin und Triglyceride senkt.[35]

Wer sich ausschließlich von phosphatreichen Nahrungsmitteln ernährt, scheidet viel Kalzium mit dem Urin aus und ist osteoporosegefährdet. Ungebleichtes Mehl und weißer Reis sind in dieser Hinsicht ungefährlicher als Vollkornprodukte. So der Vorwurf von Dr. William Davis, dem Urheber der Anti-Weizen Welle. Tatsächlich scheiden Menschen mehr Kalzium mit dem Urin aus, wenn sie auf phytinsäurereiche Ernährung umstellen. Das ist jedoch ein vorübergehender Effekt, der sich im Lauf der Zeit vollständig verliert. Dahinter steht der Verdacht, dass phytinsäurereiche Nahrungsmittel Osteoporose begünstigen. Allerdings haben Studien ergeben dass Phytate, also die Verbindung von Phytinsäure und Mineralien, gegen Osteoporose helfen. Eine Ernährung mit wenig Phytaten erhöht eher die Gefahr an Osteoporose zu erkranken.[36]

Phytinsäure als Nahrungsergänzungsmittel

Aber Phytinsäure ist neben Gluten ein Teil des Feindbildes. Nur gibt es in der Natur kein Gut und Böse, sondern ein Sowohl-als auch. Bei der traditionellen Verarbeitungsweise von Getreide wird ein Teil der Phytinsäure durch Einweichen oder Säuern aus dem Getreide herausgelöst, etwa 50%. Die verbleibenden 50% geben den Getreidegegnern genug Grund, Getreide zu meiden. Aber das ist zu kurz gedacht. Phytinsäure wird bereits als Nahrungsergänzungsmittel gehandelt und zwar unter der Bezeichnung Inositol hexaphosphat (IP-6). Es wird als Antioxidans zur Stärkung des Immunsystems und zur Regelung des Blutzuckerspiegels vertrieben, denn es hat sich gezeigt, dass man damit einen Diabetes mellitus (Diabetes Typ 2) beherrschen kann.[37] Geht man davon aus dass viele Menschen kaum noch Brot oder überhaupt Getreide essen, weil sie entweder der Paleoernährung oder einer anderen Low-carb Diät folgen oder dem Gluten aus dem Weg gehen wollen, dann macht es von Seiten der Anbieter von Nahrungsergänzungsmitteln durchaus Sinn die Phytinsäure anzubieten. Als Verbraucher kann man aber auch einfach Brot essen.

Eine japanische Studie die ein Mittel gegen Dickdarmkrebs suchte, fand IP-6, die Phytinsäure.[38] Phytinsäure sei in fast allen Zellen von Säugetieren vorhanden, fand eine Studie aus dem Jahr 2006. Dort steuert sie Signalübermittlung, Zellvermehrung und Differenzierung.[39] Und die Phytinsäure kann womöglich noch mehr. Eine Studie der Oregon Health & Science University in Portland aus dem Jahr 2011 fand im Versuch mit Mäusen heraus, dass Phytinsäure vor den Amyloid beta Peptiden schützt, die bei der Entwicklung der Alzheimer Krankheit eine Rolle spielen.[40] Dr Perlmutter möchte uns dagegen weismachen, dass Weizen unser Gehirn zerstört.

Zu den pflanzlichen Quellen von Phytase gehören Weizen, Roggen, Gerste und Triticale (eine Kreuzung aus weiblichem Weizen und männlichem Roggen). Mikrobielle Phytase kann aus Aspergillus gewonnen und Lebensmitteln zugesetzt werden. Alternativ können auch Probiotika für eine bessere Versorgung mit dem Enzym Phytase gegessen werden, denn die Bakterien produzieren das Enzym ebenfalls.[41]

Lektine

Lektine im Weizen sind angeblich schädlich, während die aus Gemüse harmlos sind, so wird es auf der Website der Forschungsgruppe Dr. Feil erklärt.[42] Weizenlektine die ins Blut gelangen, sollen sich in allen Organen, auch dem Gehirn anheften. Der Körper greife die Lektine und gleichzeitig körpereigenes Gewebe an. Das soll dann Entzündungen hervorrufen und zu Autoimmunerkrankungen führen. Es werden tatsächlich Weizenlektine in den Gehirnen von Patienten mit leichten kognitiven Beeinträchtigungen gefunden und dienen auch als Nachweis für eine körperliche Grundlage dieser Beeinträchtigungen.[43] Warum die Lektine sich bei manchen Menschen im Gehirn anlagern und wie sie überhaupt ins Blut gelangen können, das ist nicht geklärt.

Rohe Getreidekörner enthalten tatsächlich mehr Lektine als andere Pflanzen, aber Lektine werden größtenteils durch längere Hitzeeinwirkung zerstört. Zöliakiepatienten haben offenbar auch Antikörper gegen Lektine, sollten sie also meiden. Lektine aus Weizenkeimen werden als Wheat Germ Agglutinine (WGA) bezeichnet. Die isolierte und übermäßige Einnahme von WGAs wird mit negativen Auswirkungen auf die Gesundheit assoziiert, aber wer isst schon isolierte Getreidelektine.[44] Studien die die Auswirkungen von sehr hohen Dosen an isolierten Lektinen in Ratten untersuchten (7g/kg Körpergewicht!)[45] wurden durchgeführt nicht um die Giftigkeit von Lektinen zu zeigen, denn die ist bekannt, sondern um herauszufinden ob es trotzdem verträglich wäre mehr Lektinproduktion in Getreide oder Hülsenfrüchte hineinzuzüchten zwecks besserer Insektenabwehr. Aus den Studienergebnissen zog man den Schluss dass man keine höhere Lektinproduktion in die Pflanzen hineinzüchten sollte.

Nun ist die Giftigkeit der Lektine sattsam bekannt. Um nicht von Lektinen vergiftet zu werden, isst man keine rohen Hülsenfrüchte. Das Lektin im Weizen ist hitzebeständiger als das in Hülsenfrüchten, weswegen der Weizen so gefährlich sein soll. Tatsache ist aber dass Lektine nicht bei allen Menschen durch die Darmwand schlüpfen und eben auch nicht bei allen Menschen zu Autoimmunerkrankungen führen. Da

Autoimmunerkrankungen erst in den vergangenen Jahrzehnten gehäuft auftreten ist zu vermuten, dass sich die weizenverzehrenden Menschen in dieser Zeit verändert haben, wenn sie durch Lektine oder Gluten/Gliadin im Weizen Schaden nehmen. Die Besorgnis sollte also der Häufigkeit und Ursache der Autoimmunerkrankungen gelten und nicht deren Auslösern, die es auch vor dem gehäuften Auftreten dieser Erkrankungen gab und die in mindestens den Mengen verzehrt wurden wie heute. Wie auch beim Thema Gluten ist eine Panikmache und Verurteilung des Lebensmittels Weizen unangemessen. Viel wichtiger ist die Klärung der Hintergründe für das gehäufte Auftreten von Autoimmunerkrankungen. So wurde beispielsweise herausgefunden dass Rheumatoide Arthritis besonders bei Patienten auftaucht nachdem bei Ihnen das Magenbakterium Helicobacter pylorii bekämpft wurde.[46] Wer nicht an einer Autoimmunerkrankung leidet oder gefährdet ist (ein Verwandter 1. Grades leidet an einer Autoimmunerkrankung), der muss sich wegen des Weizens keine Sorgen machen. Wie bei allen Nahrungsmitteln liegen auch beim Weizen verschiedene Wirkungen vor. Weizen ist sehr nahrhaft, enthält aber mit Phytinsäure und Lektinen potentiell schädliche Stoffe. Doch genauso wie die Phytinsäure so haben auch die Lektine ihre positiven Eigenschaften, die von der Forschungsgruppe Dr. Feil nicht erwähnt werden, obwohl mehrere der auf der Website angegebenen Studien darüber berichten. Positives passt wohl nicht ins Bild, wenn man sich entschieden hat dass ein Nahrungsmittel zu den Bösen gehört. WGAs werden derzeit ebenso wie die Phytinsäure als Heilmittel gegen Krebs untersucht, da sie den programmierten Zelltod der Tumorzellen beschleunigen können. Der programmierte Zelltod ist eine Art frei-

williger Selbstmord der Tumorzellen und eine erwünschte Reaktion.[47]
Bioaktive Peptide
Wie von Dr. Davis und Dr. Perlmutter erwähnt, sind in Weizenprotein, aber auch in Proteinen aus Milch, Fleisch und Hülsenfrüchten sogenannte bioaktive Peptide gefunden worden, die in vitro, also im Reagenzglas, bakterizide Funktionen oder opioid-ähnliche Funktionen gezeigt haben.[48] Bioaktive Peptide sind offenbar resistent gegen Verdauungsenzyme.[49] Sie bestehen aus Sequenzen von 2 - 30 Aminosäuren und sollen positive gesundheitliche Eigenschaften haben wie hohen Blutdruck senken, als Antioxidantien wirken, Thrombosen verhindern und eben möglicherweise auch die Stimmung beeinflussen indem sie an Opioidrezeptoren andocken. Letzteres kommt also als Teil eines Pakets. Es wird sogar spekuliert, dass bioaktive Peptide helfen könnten die Entwicklung eines metabolischen Syndroms oder die Entwicklung psychischer Krankheiten zu verhindern.[50]

Das bioaktive Peptid Lunasin, welches in Soja, Gerste, Weizen und Roggen vorkommt und intensiv studiert wurde, zeigte im Mäuseversuch krebshemmende Eigenschaften, speziell bei Hautkrebs. Peptide aus Hülsenfrüchten sind offenbar in der Lage, tumorunterdrückende Gene einzuschalten. Lunasin hat offenbar auch anti-inflammatorische Eigenschaften. Es wirkt gegen Entzündungen. Das ist gut zu wissen, da viele chronische Erkrankungen auf lange schwelenden Entzündungen basieren, die sozusagen auf kleiner Flamme im Gewebe kochen. Manche bioaktive Peptide aus Getreide bewirken eine Senkung des Blutdrucks. Hierzu gibt es in vivo Studien an Ratten. Proteine aus Soja und Weizen senken Cholesterin und Blutfett. Die Wirkungen bioaktiver Peptide werden in vitro erforscht oder mit epidemiologischen Studien, also Beobachtungs- und Interventionsstudien. Das bedeutet, es werden die Effekte verschiedener Diäten die unterschiedliche Konzentrationen an bioaktiven Peptiden enthalten miteinander verglichen oder es werden während einer Studie einzelne bioaktive Peptide in Form von Nahrungsergänzungsmitteln verabreicht.

Antioxidantien

Wenn wir an Antioxidantien denken, dann zumeist an solche aus Obst und Gemüse oder sogenannten Superfoods, die neuerdings beworben werden. Zwar ist es im Prinzip positiv dass sich Verbraucher heute mit der Zusammensetzung und den positiven Eigenschaften ihrer Nahrungsmittel auseinandersetzen, aber durch die Art der Berichterstattung, die immer auf einzelne Lebensmittel oder Gruppen von Lebensmitteln fokussiert ist, geraten die ganz alltäglichen Nahrungsmittel und ihre wunderbaren Eigenschaften aus dem Blickfeld. Während man über Blaubeeren, Gojibeeren und Avocados informiert ist, weiß man unter Umständen gar nicht, welche gesundheitsfördernden Eigenschaften das gute alte Sauerteigbrot hat oder die geliebten gebackenen Bohnen. Merkwürdig finde ich die Einteilung der Lebensmittel in gut und böse. Es gibt Schurken, wozu momentan Weizen und Milch gemacht werden und es gibt Superfoods. Manche Peptide wirken als Antioxidantien, wie zum Beispiel ein Peptid aus dem Weizengliadin, Erbsen und Soja.

Phytoalexine

Phytoalexine entstehen beim Auskeimen von Saaten im Boden. Man sollte eigentlich erwarten, dass ein Saatkorn im feuchten Boden verschimmelt, aber die Phytoalexine töten Schimmel ab und wirken auch gegen Bakterien. Phytoalexine sind nicht von vornherein im Korn vorhanden, sondern werden erst in Reaktion auf eine Infektion gebildet. Phytoalexine wie Resveratrol oder Allicin sind auch für den Menschen von Vorteil. Auch bei der Fermentation von Getreide, z.B. im Sauerteig, werden Phytoalexine gebildet. Obwohl die Rolle der Phytoalexine bei der Verteidigung der Pflanzen gegen Schimmel und Bakterien seit längerem bekannt war, hat man erst vor einigen Jahren damit begonnen ihre Rolle in der menschlichen Ernährung zu erforschen. Natürlich will man auch herausfinden, ob mit Phytoalexinen angereicherte Lebensmittel, die dann als sogenanntes Functional Food verkauft werden würden, der Gesundheit besonders förderlich sind.[51]

Pronyl-L-Lysin ist ein Antoxidant welches in der Brotkruste von Sauerteigbroten vorkommt. Studien haben gezeigt, dass dieses Antioxidantium ausschließlich in der Kruste vorkommt und nicht in der Krume. Auch im unbehandelten Mehl ist es nicht nachzuweisen. Es entsteht bei der Erhitzung von lysinhaltigen Proteinen, also beim Backen. Dabei spielt die Länge des Backprozesses und die Temperatur eine Rolle. Verlängert man die Backzeit von 70 auf 210 Minuten, enthält die Brotkruste hinterher dreimal mehr von dem Antioxidantium. Erhöht man die Backtemperatur, so enthält die Kruste später das Fünffache an Proyl-L-Lysin. Auch kleine Veränderungen am Rezept erhöhen den Anteil an Proyl-L-Lysin. Ersetzt man beispielsweise 5% des Mehls mit dem lysinreichen Protein Kasein oder mit 10% Glucose, so kann das Endprodukt bis zu 200% mehr Pronyl-L-Lysin enthalten. Quantitative Analysen deutscher Sauerteigbrote ergaben einen Gehalt an Pronyl-L-Lsysin von 43 mg/kg in Vollkornbrot. Mischbrote und Weißbrote die ohne Sauerteig gebacken wurden enthalten wesentlich weniger Prony-L-Lysin, Brezeln nur Spuren des Antioxidantiums. Systematische Studien ergaben, dass es die Herabsetzung des pH-Wertes bei der Sauerteiggärung ist, die neben der Teigrezeptur den Anteil an Prony-L-Lysin in der Kruste des fertigen Brotes beeinflusst.[52]

Eine koreanische Studie aus dem Jahr 2015 untersuchte die Getreidearten mit der weltweit größten Verbreitung - Weizen, Hafer, Gerste, Reis und Roggen - bezüglich ihrer antioxidanten und antientzündlichen Wirkungen und kam zu dem Schluss, dass alle diese Getreide das Potential haben Krankheiten die aus oxidativem Stress entstehen, vorzubeugen.[53]

Tryptophan - Der Gute Laune Stoff

Tryptophanmangel sorgt für niedergeschlagene Stimmung. Die Aminosäure Tryptophan verlangsamt den Abbau von Serotonin und sorgt so für bessere Laune. Weizen, Roggen, Gerste und Hafer enthalten viel Tryptophan, genauso wie Hülsenfrüchte. Aber nicht alles Tryptophan das in der Nahrung enthalten ist, wird ins Gehirn aufgenommen. Dazu braucht es Antioxidantien, die ebenfalls im Getreide enthalten sind, in alten Weizensorten mehr als in den neueren.[54]

Wir haben uns daran gewöhnt Getreide eher nur als Lieferanten von Kohlenhydraten zu betrachten. Ich hoffe ich konnte zeigen dass diese Betrachtungsweise unvollständig ist. Getreide hat mehr zu bieten. Wenn es fachgerecht behandelt wird vor dem Verzehr, also so wie es unsere Vorfahren taten, dann liefert Getreide Antioxidantien, Mineralien und Vitamine und noch dazu mehr Ballaststoffe als Gemüse.

Weizen ist überzüchtet

Seit Jahrtausenden ist Weizen das bevorzugte Getreide in großen Teilen Europas und dem Mittleren Osten. Vor etwa 11.000 Jahren haben Menschen in Südostanatolien den ersten Weizen domestiziert. Wilde Gräser wurden aber wohl schon vor 23.000 Jahren gegessen. Mit Einwanderern gelangte der Weizen nach Amerika, Australien und Neuseeland. Überall wurde und wird Weizen in großen Mengen gegessen. Auch in China ist Weizen beliebt, weil sich daraus ganz andere Lebensmittel herstellen lassen, als aus Reis. Der Weizen ist formbar wie kein anderes Getreide und er geht wunderbar auf.

Dennoch hat seit dem Erscheinen des Buches 'Weizenwampe' die Skepsis gegenüber dem Weizen epidemische Ausmaße in der westlichen Welt erreicht. Die Völker Asiens und Afrikas dagegen scheinen sich mit dem Weizen nicht so schwer zu tun. Sind sie schlechter informiert? Sind sie womöglich widerstandsfähiger? Könnte es sein dass die plötzlich um sich greifende Empfindlichkeit gegenüber Weizen ein Wohlstandsproblem ist?

Auf der anderen Seite ist auch durchaus noch fraglich, ob die Beweisführung der Weizenkritiker stichhaltig ist. Ist dieses Getreide, welches von Menschen seit Jahrtausenden verzehrt wird, wirklich so gefährlich? Und wenn ja, warum sind wir dann nicht schon lange völlig verblödet oder ausgestorben? Es wäre doch eine schlüssige Annahme zu vermuten, dass uns dieses gefährliche Getreide als Menschheit in den Abgrund getrieben hätte. Schluss, aus, tragisch. Oder war früher alles nur halb so schlimm, weil der

Weizen nicht genmanipuliert gewesen ist? Immer wieder liest man, wir hätten nicht genügend Zeit gehabt, uns an den Verzehr von Getreide anzupassen. Die Jahrtausende seit Domestizierung und Verbreitung des Getreides seien nicht ausreichend, um sich als Spezies daran anzupassen. Dem scheint aber nicht so zu sein. Aus dem Beispiel der Anpassung an Milch kann man nachvollziehen wie sich eine Bevölkerung an ein neues Nahrungsmittel anpasst. Milch ist eigentlich bei allen Säugetierspezies ein Nahrungsmittel für Kleinkinder. Im Lauf der Jahre verschwindet die Fähigkeit Milch zu verdauen, weil die Produktion des Enzyms Laktase eingestellt wird. Aber dennoch gibt es Völker, bei denen die Produktion des Enzyms bei fast allen Individuen bis ins Erwachsenenalter weiterläuft. Um etwa die gleiche Zeit als der Weizen domestiziert wurde, wurde auch mit der Milchwirtschaft begonnen. Mit der Verbreitung des Milchkonsums ging auch die Verbreitung der lebenslangen Produktion des Enzyms Laktase einher. Was erstaunt ist, in wie kurzer Zeit sich die Fähigkeit Milchzucker zu verarbeiten ausgebreitet hat. So hatten offenbar skandinavische Jäger und Sammler vor 5.400 Jahren noch nicht die Möglichkeit Milch zu verdauen, heute ist diese Fähigkeit in Skandinavien normal. Wenn 5.400 Jahre für eine solche Veränderung ausreichen, dann sollten 10.000 Jahre auch genügen, zumal bei der Verdauung von Getreide unsere Darmbakterien mithelfen.[55]

Aber Dr. Davis macht kurzen Prozess mit der Idee, dass Weizen die Völker der Welt seit Jahrtausenden ernährt. Er erklärt kurzerhand, dass es sich heute, etwa nach 1940, nicht mehr um die gleiche Pflanze handelt, ja dass die heute verwendeten Weizenpflanzen kaum noch Ähnlichkeit hätten mit denen, aus denen unsere Großeltern noch ihr Brot und ihren Kuchen backten. Leider wird er an dieser Stelle etwas schwammig. Er schreibt über moderne Genmanipulation ohne genau festzustellen, worin denn diese fatale Manipulation gerade beim Weizen besteht. Tatsache ist, dass Weizen, wie alle anderen Nahrungspflanzen, seit Jahrtausenden speziell auf die menschlichen Bedürfnisse oder die Bodenbeschaffenheit hin gezüchtet wird und zwar mit ganz traditionellen Auslese- und Kreuzungsmethoden. Zu glauben dass der Weizen da eine Ausnahme bilden würde, ist naiv. Keine Kulturpflanze die ihren Weg in die heutige menschliche Ernährung gefunden hat ist von diesem Auslese- und Kreuzungsprozess unberührt geblieben und das aus gutem Grund. Mutter Natur hatte ursprünglich den Tisch für die menschliche Spezies nicht so üppig gedeckt. Alle Pflanzenteile die wir verzehren außer Obst wurden von der Natur mit Chemikalien ausgestattet die es hungrigen Tieren schwer machen sollten so viel von der Pflanze zu verzehren, dass sie die Pflanze ausrotten hätten können. Pflanzen sind keine friedlichen Lebewesen die nur darauf warten uns zu Diensten sein zu können. Wir müssen uns da schon etwas einfallen lassen. Tiere haben sich oft mit speziellen Verdauungsenzymen oder sogar mit mehreren bakterienbesiedelten Mägen entwickelt, um an die Nährstoffe aus Pflanzen herankommen zu können. Menschen entwickelten ebenfalls genetische Anpassung, aber sie lernten auch Fermentieren, Kochen und Züchten.

Um seine These von der Verfremdung des modernen Weizens gegenüber den auf natürliche Weise entwickelten Veränderungen von Einkorn und Emmer zu stützen, zitiert Davis eine chinesische Studie über die unterschiedliche Ausprägung zwischen Hybriden aus modernem Weizen und Dinkel und deren Eltern. Diese Studie soll beweisen, dass die modernen Pflanzen ohne spezielle Düngung und menschliche Pflege vollkommen lebensunfähig wären. Unerklärlicherweise gibt die Studie diese Aussagen nicht her, ja diese Fragestellung war nicht einmal Teil der Untersuchung. Solche Fehler bei der Arbeit mit wissenschaftlichem Material können vorkommen, sind aber nicht geeignet das Vertrauen in die Thesen des Autors zu erhärten.[56]

Eine weitere von Davis interpretierte chinesische Studie untersuchte die einzelnen Proteine einer Kreuzung aus Weizengras und Brotweizen und kam zu dem Ergebnis, dass die Kreuzung einige neue Proteine enthielt. Darüber hinaus gehen die chinesischen Wissenschaftler nicht auf die neuen Proteine ein, aber Davis hört die Alarmglocken schrillen, weil diese neuen Proteine nicht auf ihre Verträglichkeit getestet wurden. Nun ist ein wissenschaftliches Experiment allein noch nicht verantwortlich für eine neue Sorte Brotgetreide und neue Proteine mögen tatsächlich so in keinem anderen Lebensmittel vorkommen oder nur noch nirgendwo anders untersucht worden sein. Was die Verträglichkeit angeht, so ist nicht alles unverträglich was unsere Verdauung nicht kennt oder nicht direkt aufspalten kann. Zudem entstehen durch eine solche Kreuzung nur Proteine die in der DNA einer der Elternpflanzen bereits angelegt sind.[57]

Untermauert wird dieses Bedrohungsszenario von einem Selbsttest, in dem Davis selbstgebackene Hefebrote aus Einkorn und aus modernem Bioweizen vergleicht. Davis sagt, er habe eine Weizenunverträglichkeit, allerdings sagt er nicht, wie diese diagnostiziert wurde. Sein Experiment geht so: er misst seinen Nüchternzucker, isst dann an einem Tag das Einkornbrot und misst anschließend wieder den Blutzucker, außerdem beobachtet er wie er sich fühlt. Am nächsten Tag wiederholt er das Experiment mit einem Brot aus Bioweizen. Sein Nüchternzucker ist beide Male gleich, aber der postprandiale Zucker (nach der Mahlzeit) ist deutlich höher nach dem Verzehr des Einkornbrotes. Außerdem fühlt Davis sich unwohl nachdem er das Brot aus modernem Weizen gegessen hat. Auf den ersten Blick ist das Ergebnis dieses Selbstversuchs absolut überzeugend. Allerdings muss man wissen, dass die Blutzuckerreaktion auf eine Mahlzeit etwas sehr individuelles ist. Jeder sollte selbst herausfinden auf welche Lebensmittel sein Blutzuckerspiegel wie reagiert. Es kann vorkommen, dass einzelne Menschen einen größeren Blutzuckeranstieg nach einer Fleischmahlzeit zu verzeichnen haben, als nach einer Kohlenhydratmahlzeit. Desweiteren isst man selten isolierte Nahrungsmittel. Normalerweise würde man das Brot mit Butter und Aufschnitt verzehren, was wiederum einen Einfluss auf den Anstieg des Blutzuckers hat. Traditionell wurde Getreide mit viel Fett kombiniert, wie zum Beispiel in Croissants oder in frittierten indischen Fladenbroten. Das Fett lässt den Blutzuckerspiegel langsamer ansteigen. Dann muss man wissen, dass auch Stress und Aufregung den Blutzuckerspiegel im Nu rapide ansteigen lassen können. Verantwortlich für diese Reaktion ist das Cortisol aus der Nebennierenrinde. Es hilft uns über Kampf oder Flucht zu entscheiden und stellt uns mit dem kurzfristig erhöhten Blutzucker genügend Energie bereit um vor dem Säbelzahntiger Reißaus zu nehmen. Beim Blutzuckermessen kann der geringste Stress zu einer Erhöhung führen. Es reicht schon aus, dass der Pieks als sehr schmerzhaft empfunden wird weil zufällig ein Nerv gereizt wird oder dass gleichzeitig das Telefon klingelt oder die Katze auf den Tisch springt. Wenn ich also bereits weiß oder vermute dass ich empfindlich auf Weizen reagiere und dann messe, könnte der erwartete Stress, nämlich die bekannten unangenehmen Nebenreaktionen auf den Weizen, durchaus auch zu einer stärkeren Erhöhung des Blutzuckerspiegels führen als bei dem Einkornexperiment. Aussagefähiger wäre hier ein Doppelblindversuch in dem weder der Proband (hier Davis) noch der Versuchsleiter (hier ebenfalls Davis) wüsste welches Getreide gerade verabreicht worden wäre. Nur so ist ein Placeboeffekt auszuschließen. Die Ergebnisse solcher Selbstversuche sind also, nicht nur im Falle von Davis sondern bei jedem von uns, mit Vorsicht zu genießen.

Weizenzucht und Genetik

Dr. Davis sagt in seinem Buch, Weizen sei das Produkt genetischer Forschung und wir äßen heute genetisch veränderten Weizen. Aber alle modernen Pflanzen die unserer Ernährung dienen sind das Ergebnis tausender Jahre Pflanzenzüchtung und Weizen bildet da keine Ausnahme. Pflanzen wurden schon lange auf Ertrag und Qualität gezüchtet. Interessanterweise taten sich die von den Siedlern mitgebrachten Weizenpflanzen in der neuen Welt zunächst sehr schwer, weil sie mit dem Klima nicht zurecht kamen. Die Siedler starben nur deshalb nicht an Unterernährung, weil sie auf einheimische Getreide zurückgreifen konnten, die sie von den Ureinwohnern bekamen. Dieses Beispiel zeigt wie wichtig es ist Sorten zu züchten, die an die verschiedenen klimatischen Bedingungen auf unserem Planeten angepasst sind. Davis' Behauptung dass Weizenzüchtung erst in den 1940er Jahren aufgekommen sei, ist also nicht korrekt. Aber es sind seitdem tatsächlich große Fortschritte gemacht worden.

Norman Borlang bekam im Jahr 1970 den Nobel Preis für sein Weizenzüchtungsprogramm. In Programmen wie diesem werden Sorten gezüchtet die unter den verschiedensten klimatischen Bedingungen gute Erträge bringen. Entgegen Davis' Andeutungen im Buch sind alle diese Sorten mit traditionellen Zuchtmethoden zustande gekommen. Derzeit werden keine genetisch veränderten Weizensorten kommerziell genutzt. Darauf weist auch Dr. Fasano immer wieder hin.

Davis sagt, die derzeit verfügbaren 22. – 25.000 Weizensorten seien alle das Produkt menschlicher Intervention und sie seien hunderte, vielleicht sogar tausende von Genen von ihrem Vorfahren, dem Einkorn, entfernt. Vor 1940 habe es 200 Jahre lang kaum Eingriffe gegeben, aber die vielen Eingriffe seither hätten dazu geführt, dass viele Menschen heute Immunreaktionen auf Weizen hätten. Pflanzenzüchter arbeiten allerdings mit allen Nahrungspflanzen, um sie an klimatische Bedingungen anzupassen, den Ertrag zu vergrößern und möglichst resistent zu machen. Würde man Davis' Logik folgen, hätten die meisten Nahrungsmittel, auch die von ihm empfohlenen Gemüse, sogar die Rinder, Schweine uns Hühner die wir essen, nicht nur der Weizen, das Potential uns schwer zu schädigen.

Davis sagt, Zwergweizen machen heute 99% des weltweit angebauten Weizens aus und deren Sicherheit sei nie getestet worden. Er behauptet, Agrarwissenschaftler verspotteten die Idee dass Hybriden untauglich für die menschliche Ernährung sein könnten. Er behauptet zudem, 5% der Proteine dieser Pflanzen seien einzigartig, sie kämen in keiner der Pflanzen aus der Elterngeneration vor. Daraus zieht er den Schluss dass diese unerwartete genetische Veränderung veränderte Proteine mit potentiell toxischer Wirkung hervorbringt. Zwergweizen werden gern angebaut weil ihre Ähren nicht so leicht abknicken, weswegen die Chancen die Ähren ernten zu können höher sind.

Durch Zwergweizen erhöht sich der Ertrag pro Hektar, was in einer Welt mit explodierender Bevölkerung durchaus willkommen ist. Darüber hinaus können Pflanzen nur solche Proteine bilden, die in ihrer DNA angelegt sind. Um ein einzigartiges Protein zu bilden, müssen sowohl DNA als auch RNA mutieren. Umweltfaktoren können solche Veränderungen auslösen oder verhindern, aber sie können keine Proteine kodieren, die nicht im Genom vorgesehen sind. So gesehen bilden Hybride keine wirklich einzigartigen oder neuartigen Proteine aus[58], so Julie Jones in ihrer Auswertung. 95% des heutigen Weizens gehört zur Pflanzenart Triticum aestivum, einer hexaploiden Form des Weizens, die vor ca. 9.000 Jahren in der Türkei entstand. Weizen ist sehr vielfältig und mit Formen die an viele verschiedene Umweltbedingungen und Verwendungsarten angepasst sind. So enthält zum Beispiel Weizen aus den USA mehr Gluten als Weizen aus Großbritannien. Es existieren mittlerweile mindestens 25.000 genetisch unterschiedliche Formen, unter anderem der ATI-Weizen, der möglicherweise Probleme verursacht. Da Weizen ein großes Genom mit vielen mobilen Elementen besitzt, ist er leicht an unterschiedliche Umweltbedingungen anzupassen. Weizen enthält viele hundert verschiedene Proteine, auch Gluten, welches bis zu 80% ausmacht. Die Proteinzusammensetzung wird stark von Umweltbedingungen beeinflusst, insbesondere von der Verfügbarkeit von mineralischen Nährstoffen im Boden. Nach High-Fructose-Corn-Syrup ist nun wohl der Weizen an der Reihe die Schuld für die Epidemie an Übergewicht, Fettleibigkeit und anderen gesundheitlichen Problemen zu tragen. Dabei haben Menschen in verschiedenen Gegenden der Erde, z.B. im Vorderen Orient, Weizen gegessen, ohne fett zu werden oder schizophren oder...

Im Journal of Cereal Science fragen J.P.H. Brouns und seine Co-Autoren Vincent J. Van Buul und Peter R. Shewry "Does Wheat make us fat and sick?" Die Autoren suchten in mehreren Datenbanken nach wissenschaftlich kontrollierten Artikeln über Gesundheitsbeeinträchtigungen durch Weizen, ohne Ergebnis. Auch meine eigene Suche in verschiedenen Datenbanken kam zu dem selben Ergebnis.

Davis behauptet, in den sechziger und siebziger Jahren des zwanzigsten Jahrhunderts sei dem Weizen Gliadin, ein nicht natürliches Protein hinzugefügt worden. Dieses ist Davis besonders suspekt, da es angeblich an die Opioidrezeptoren im Körper andockt und süchtig macht. Aber Gliadin ist in allen Weizensorten enthalten, auch in Wildformen. Manche der älteren Weizensorten, wie der Khorasan Weizen auch Kamut genannt, er wird für Pasta und Bulgur verwendet, haben einen höheren Anteil an Gliadin als moderne Brotweizensorten.[59]

An verschiedener Stelle ist auch über den ATI Weizen zu lesen. Dieser enthält Amylase Trypsin Inhibitoren, die etwa 4% des Weizenproteins ausmachen und natürliche Bestandteile des Korns sind, und die zum großen Teil für die Unverträglichkeitsreaktionen verantwortlich zu sein scheinen, die man gemeinhin unter Glutenunverträglichkeit zusammenfasst. ATIs sind die Ungezieferabwehr im Korn. Ihre Konzentration kann steigen durch die Verwendung künstlicher Düngemittel. Auch in modernen Weizensorten die auf besondere Resistenz gezüchtet wurden kann der Anteil an ATIs höher sein. In billigen Teigprodukten ist nicht unbedingt mehr ATI-Weizen enthalten als in teureren Produkten. ATIs sind weniger von Züchtung als von Umweltbedingungen abhängig. Laut Professor Detlef Schuppan, Direktor des Instituts für Translationale

Immunologie und Direktor des klinischen Leberfibrose- und Zöliakie- Zentrums am Universitätsklinikum Mainz sowie Professor an der Harvard Medical School in Boston, können ATIs chronisch-entzündliche Krankheiten verstärken. In Mainz wird weiterhin dazu geforscht werden.[60]

Korn- und Mehlbehandlung

Es gibt offenbar tatsächlich eine steigende Zahl an Menschen die mit Unverträglichkeit auf Weizen oder Gluten in der Nahrung reagiert. Das ist real und nicht nur durch bessere Diagnosemöglichkeiten und mehr Aufmerksamkeit bedingt. Auch wenn die Zahl derer die Probleme mit Getreide haben nicht annähernd so groß ist wie derzeit in der populären Literatur angenommen, so muss doch nach den Ursachen geforscht werden. Diese mögen in dem Getreide selbst liegen, darin worauf es gezüchtet wurde, wie es vor und nach der Ernte behandelt wurde und was während der Verarbeitung zum fertigen Lebensmittel mit ihm geschah. Von diesen Vorgängen nicht ganz unabhängig ist auch die Frage, was mit denen geschah und geschieht, die dieses Getreide zu sich nehmen. Nicht nur das Getreide und die Behandlung und Zubereitung ändert sich fortlaufend, auch wir Menschen haben uns verändert und verändern uns und unsere Umwelt ständig. Beide Veränderungen beeinflussen wie wir auf Nahrungsmittel reagieren. Wenn wir weiterhin 7,4 Milliarden Menschen auf diesem Planeten durchfüttern wollen, dann müssen wir wissen wie wir das tun können ohne dabei uns oder den Planeten zu überfordern. Werfen wir also einen Blick auf die Behandlung von Lebensmitteln am Beispiel des Weizens.

Die Frage nach dem Umgang mit dem Weizen, auf dem Feld, vor der Ernte, der Lagerung und während des Backens wird größtenteils ausgeklammert. Das ist nachvollziehbar wenn man der Überzeugung ist, dass das Getreide an sich schädlich ist. Wenn man aber nach der ganzen Wahrheit sucht, dann ist das zu kurz gesprungen und dann muss man sich die Fragen nach den Düngern, den Pestiziden und den Emulgatoren stellen. Das geschieht noch viel zu selten. Pestizide, Mehlbehandlung, Brotzubereitungsmethoden und Umweltchemikalien spielen alle eine Rolle. In den vergangenen Jahrzehnten wurde die Verarbeitungszeit unserer Getreideprodukte reduziert. Die industriell durchgetaktete Zeit verlangte Schnelligkeit. Durch die verkürzte Verarbeitungszeit kann das Getreide aber nicht ausreichend durch Mikroorganismen aufgeschlossen werden und das wirkt sich auf die Verdaulichkeit und die Verfügbarkeit der Inhaltsstoffe, besonders der Mineralien aus. Dazu kommt, dass die Fermentation durch Mikroorganismen zusätzliche Vitamine bereitstellt, die in den schnell verarbeiteten modernen Fertigprodukten fehlen und manchmal hinterher künstlich zugesetzt werden (wie in den USA). Wird die Fermentation ganz ausgelassen oder stark verkürzt, leidet auch der Geschmack. Die Produkte sind nahezu geschmacksneutral. Um darüber hinwegzutäuschen kann man Geschmacksträger einsetzen. Ein solcher Geschmacksträger wäre Fett, aber das hat einen schlechten Ruf als Dickmacher. Ein anderer Geschmacksträger ist Zucker und der wurde denn auch reichlich verwendet. Frühstückscerealien sind z.B. sehr süß, auch die aus dem Reformhaus oder dem Bioladen. Wir haben uns an die Süße gewöhnt und fragen uns nun, wie wir um unserer Gesundheit Willen davon loskommen können.

Traditionelle Gerichte aus fermentiertem Getreide wie Tolokno oder Porridge sind nicht nur voller Vitamine aus dem Korn selbst und die von den Mikroorganismen hergestellten und verfügbarer Mineralien wegen der zum großen Teil gelösten Phytinsäure, sie schmecken auch hervorragend und machen satt ohne schwer im Magen zu liegen. Durch die Fermentation sind diese Gerichte gewissermaßen vorverdaut und daher für einen Menschen gut verdaulich. Wiederkäuer haben mit Pflanzenfasern wie Gräsern (Getreide ist Grassamen) keine Probleme, weil sie mehrere Mägen haben und in diesen Mägen die Nahrung fermentieren und aufschließen können. Menschen sind glücklicherweise irgendwann auf die Idee gekommen, diesen Fermentationsprozess in Töpfe und Schüsseln zu verlagern und sich so Pflanzenfasern als Nahrungsmittel zu erschließen. So wie in der heimischen Küche das Getreide über Nacht eingeweicht wurde, so wurde auch das beim Bäcker hergestellte Brot durch zum Teil mehrtägiges Säuern bekömmlich gemacht. Ein traditionell hergestelltes Brot braucht seine Zeit. Aber in der industrialisierten Welt der Lebensmittelfabriken ist Zeit ein zu kostbares Gut, um damit großzügig umzugehen. Also ersann man Methoden die halfen Brote herzustellen, die innerhalb von Stunden statt Tagen verkaufsfertig waren.

Neue Getreideverarbeitungsmethoden
Bereits 1996 hat Udo Pollmer 1996 in seinem Buch 'Prost Mahlzeit! Krank durch gesunde Ernährung' die Tricks der Lebensmittelindustrie und der Bäcker aufs Korn genommen. Er beschreibt die Zugaben an Reifungsbeschleunigern und erwähnt auch dass nicht nur Brotfabriken damit arbeiten, sondern gerade auch kleinere Bäckereien. Dies kann ich anekdotenhaft aus eigener Erfahrung bestätigen. Als ich Ende der 1980er Jahre zum ersten Mal Sauerteigbrot backen wollte, ging ich in meiner Naivität zum Bäcker an der Ecke und fragte nach Sauerteig. Dieser Bäcker hatte damals einen guten Ruf in der Stadt. Die Bäckersfrau höchstselbst bediente mich und sah mich an wie Kuh auf Weide. Sauerteig? Haben wir nicht. Wie sie dann

Brot backen, wollte ich wissen. Die Frau war so verdattert, dass sie mir ehrlich antwortete, sie hätten dafür Backmischungen. Ich habe dann meinen Sauerteig selber hergestellt. Ein Teil meiner Familie war eine Bäckerdynastie und die Geschichten von der Führung des Sauerteigs sind Legion. Die größte Sorgfalt wurde dem Sauerteig zuteil, denn er war die Grundlage einer erfolgreichen Bäckerei. Ging aus irgendeinem Grund der Sauerteig kaputt weil ihn niemand pflegen konnte, dann musste von einem anderen Bäcker Sauerteig geholt werden, um wieder backen zu können. Selbst ansetzen dauerte zu lange. Heute meint die Menschheit, sie könnte sich über jahrtausendealtes Wissen hinwegsetzen und einfach ein paar Chemikalien in den Teig rühren damit das Backen schneller geht und das Ergebnis Brot nennen.

Ich möchte einige Veränderungen bei der Verarbeitung von Weizen besprechen von denen ich meine, sie sollten bei der Diskussion um den Wert dieses Getreides für die Ernährung des modernen Menschen nicht außer Acht gelassen werden. Ich sehe die Gefahr, dass sich die Diskussion so sehr auf den Weizen einschießt, dass die Hilfs- und Zusatzstoffe die bei der Verarbeitung des Weizens zu Brot und anderen Backwaren zum Einsatz kommen aus dem Blickfeld geraten. Dabei sind es oft genug gerade diese Mittel, die viel zu wenig auf ihre Verträglichkeit getestet wurden. Lebensmittelzusatzstoffe unterliegen nicht den gleichen Testverfahren wie z. B. Arzneimittel. Aber wir sind heute auf breiter Front mit chemischen Stoffen konfrontiert die alle das Potential haben uns und unser Mikrobiom (unsere Darmbewohner insbesondere) zu schwächen. Mögen auch die Stoffe im Einzelnen noch halbwegs unbedenklich sein, so summiert sich ihre Wirkung, weil wir ständig mit ihnen konfrontiert sind.

Manche dieser Stoffe beeinträchtigen die Darmflora. Dann gelten die Stoffe nicht offiziell als krebserregend, sind es womöglich auch nicht direkt, haben aber durch den schädlichen Einfluss auf die Darmflora trotzdem auf Dauer das Potential, schwere chronische Erkrankungen auszulösen. Allenthalben haben sich die Lebensmittelverarbeitungsmethoden und die Zusatzstoffe in den vergangenen 60 Jahren dahingehend verändert, dass die Zubereitungszeit verkürzt wurde und die Haltbarkeit verlängert. Das ist gut für Hersteller und Händler und mag auch auf den ersten Blick für den Verbraucher nicht schlecht sein, aber der bezahlt womöglich für diese Bequemlichkeit mit seiner langfristigen Gesundheit.[61]

Neue Verarbeitungsmethoden beschleunigen die Zeit die ein Brot braucht um verkaufsfertig zu sein ganz erheblich. Mit der Chorleywood Methode zum Beispiel ist ein Brot nach 3,5 Stunden verkaufsfertig. Die Methode wurde 1961 von Wissenschaftlern in den Labors der Chorleywood Flour Milling und Bakery Research Association entwickelt.[62]

Wer sich einmal in Großbritannien über die schaumgummiartigen abgepackten Brote gewundert hat, der hat Chorleywood Brot kennengelernt. Die Chorleywood Methode verwendet höhere Temperaturen als andere Brotbackmethoden, chemische Beschleuniger, größere Mengen Hefe und Druck, um die schwammartige Konsistenz zu erreichen. Diese Methode wird in Großbritannien und dreißig weiteren Ländern verwendet, in den USA jedoch kaum, weil der dort zum Brotbacken verwendete Weizen zu viel Gluten enthält um mit diesem Prozess verarbeitet werden zu können.

In den USA kommt eine Methode zum Einsatz bei der 60% der Zutaten zusammengemixt und 2-4 Stunden lang fermentiert werden. Danach werden die restlichen Zutaten dazu gemischt und der Teig gebacken. Zur Beschleunigung werden chemische Zutaten verwendet. Dazu kommen noch Mittel die das fade werden verhindern und die Feuchtigkeit im Brot halten sollen. Solche Methoden sind auch in Deutschland verbreitet. Ein echtes Sauerteigbrot kommt allerdings ohne diese Zutaten aus, braucht dafür aber erheblich länger in der Verarbeitung. Aus den chemisch aufgepeppten Teigen wird nicht nur das Hamburger Brötchen hergestellt, sondern auch das Baguette, welches in der Filiale einer Supermarktbäckerei oder in einem Backshop auf dem Land in den Ofen geschoben wird, um den Kunden frisch Gebackenes bieten zu können. Auch gefrorene Backwaren zum Aufbacken werden nach solchen Verfahren hergestellt. Industrielle Fertigung beruht auf möglichst einfachen Verfahren und gut zu verarbeitenden Zutaten. Wenn die Ausgangsstoffe sich dem widersetzen, wird Chemie eingesetzt. Beispielsweise bei der Herstellung von Frühstückscerealien. Diese werden nicht fermentiert, sondern in Schnellverfahren aus Getreide hergestellt und weil Getreide das nicht fermentiert wurde seine Geschmacksstoffe nicht entfalten kann, wird Zucker beigemischt.

Getreide ist kein von der Natur für uns vorgesehener Snack. Menschen haben in langen Jahren lernen müssen sich seine Nährstoffe zu erobern. Dass diese traditionellen Erkenntnisse und Verfahren von der Lebensmittelindustrie ignoriert wurden gleicht einem Feldversuch mit uns als Versuchskaninchen.

Die traditionellen Zubereitungsmethoden von Getreide umfassen Einweichen, Darren, Keimen und Säuern. Derart behandeltes Getreide verliert den größten Teil seiner Anti-Nährstoffe (die gleichen Methoden kommen bei vielen Feldfrüchten zum Einsatz, wie z.B. Kartoffeln, Maniok, etc.) und wird leicht verdaulich. Man denke an die magenschonende Wirkung von Haferschleim.

Sauerteigbrot ist weit verbreitet. Es braucht nicht nur seine Zeit, es ist immer auch ein Produkt des Ortes und der Menschen die es hergestellt haben. Sauerteig enthält eine Fülle von Mikroorganismen. Kommerzielle Bäckerhefe dagegen ist ein Monoprodukt. Der Geschmack natürlich hergestellten Sauerteigbrots ist komplex. Zudem sind diese Brote gut verdaulich, was für ihre Kunstsauercousins nicht gilt. Nach Markteinführung von Kunstsauerbroten werden diese zunächst genauso gut verkauft wie die natürlich hergestellten Brote. Nach einiger Zeit aber bleibt offenbar die Begeisterung für die Kunstsauerbrote auf der Strecke und kann selbst durch zusätzlichen Werbeaufwand nicht wieder angefacht werden, während die Natursauerbrote weiterhin wie die warmen Semmeln weggehen. Unser Körper lässt sich eben nicht auf Dauer betrügen.[63] Wer sein eigenes Sauerteigbrot backt, der lebt gewissermaßen in Symbiose mit den Organismen in diesem Brot. So jedenfalls sieht das Michael Gaenzle, Mikrobiologe für Getreide an der Universität Alberta, Kanada. Die Mikroben im spontan fermentierten Sauerteig stammen aus der Umgebung des Bäckers. So ist selbstgemachtes Sauerteigbrot maßgeschneidert auf den Bäcker und unterstützt dessen Immunsystem optimal.[64]

Mehlbleiche

In den USA wird das Mehl in den meisten Müllereien entweder mit Benzoylperoxid (dem Mittel das auch in Aknecremes und Haarbleiche enthalten ist) oder mit Chlordioxid gelbleicht, welches auch zum Bleichen von Papier oder Textilien benutzt wird. In

Deutschland ist dieses Verfahren seit 1958 verboten. Eine EU-Richtlinie von 1995 verbietet das Verfahren ebenfalls.[65] In viktorianischer Zeit verlangten die Kunden in England immer weißeres Brot. Die Bäcker sahen sich gezwungen mit Chemikalien nachzuhelfen. Die machten zwar das Brot schön weiß, waren aber auch giftig und erschwerten den Bäckern ihre Arbeit.[66]

Was noch?

Welche anderen Zutaten kommen in den Teig, von denen wir nicht mal wussten dass man sie in Teig rühren kann? Soja- oder Rapsöl zum Beispiel. Rapsöl findet sich beispielsweise in Toastbrot. Es gibt dem Produkt mehr Volumen, eine feinere Struktur, eine zarte Kruste und eine weiche Textur. Ester von natürlichen und synthetischen Fetten als Emulgatoren und Stabilisatoren über die bisher keine Nebenwirkungen bekannt sind werden in Brotteig gerührt. Bei Kalziumpropionat, einem Anti-Schimmelmittel, weiß man wie es auf den Menschen wirkt. Selbst in geringen Mengen kann es Reizbarkeit, Schlafstörungen und Aufmerksamkeitsstörungen auslösen. Rührt daher vielleicht der Verdacht den Dr. Davis in seinem Buch 'Weizenwampe' äußert, Weizen würde möglicherweise ADHS fördern? Kalziumpropionat war in Deutschland seit 1988 verboten, wurde aber im Zuge der EU-Harmonisierung 1998 wieder zugelassen und ist in abgepacktem Brot, Kuchen und Keksen zu finden. Natriumstearoyl-2-lactylat macht den Teig besser mixbar und leichter mit Maschinen zu verarbeiten, beschleunigt die Teigreifung, Teigtextur, macht eine zarte Kruste und verlängert die Haltbarkeit (will sagen: lässt sich länger verkaufen). In den USA wird auch GenSojamehl zum Teig hinzugefügt, welches kropfbildend wirkt. Es macht eine weißere Krume und ist ein gutes Futter für Hefebakterien. Azodicarbonamide ist in der

EU, Kanada, Japan, Neuseeland und Australien verboten, aber in den USA wird es zum Bleichen des Teiges und zwecks größerer Elastizität des Teiges eingesetzt. Ammoniumchlorid hilft der Hefe, Protein zu bilden, zusätzliches Gluten, um die Textur und die Teigigkeit zu verbessern. Stärke- und Eiweißenzyme aus Mikroorganismen werden beigemischt, die Stärke und Eiweiße schnell zu Zuckern abbauen und damit die Hefen füttern, damit die Rühr- und Mixzeiten reduziert werden. Diese Enzyme sind so gestaltet, dass sie bei unterschiedlichen pH-Werten arbeiten und die Backhitze überstehen, damit sie das Brot weicher werden lassen und damit es nicht abgestanden schmeckt. Diese Enzyme und manche der anderen "Teigverbesserer" müssen als Backmittel nicht extra auf der Verpackung erwähnt werden. Alle Zusatzstoffe werden danach deklariert, ob der Zusatzstoff im Enderzeugnis, also der fertigen Backware, eine so genannte "technologische Wirkung" ausübt, oder ob er nur in der Rohware, nicht aber im Enderzeugnis eine Wirkung entfaltet, so dass der Verbraucher keinerlei Mehrwert oder Wirkung durch den Zusatzstoff erfährt.[67]

Emulgatoren

Übergewicht und Fettleibigkeit sind die großen Themen im Zusammenhang mit der Diskussion um Getreide und Kohlenhydrate. Dr. Davis insbesondere hat sich darüber ausgelassen, wie leicht man abnehmen kann, wenn man den Weizen weglässt und auch die Low-Carb Diäten reiten auf dieser Welle. Da aber Weizen seit einigen Jahrtausenden bei ganzen Völkern regelmäßig und in größeren Mengen gegessen wurde ohne dass diese Völker als fettleibig gelten konnten, darf angezweifelt werden, dass es wirklich der Weizen ist, der heute die Menschen dick macht. Dr. Davis geht natürlich davon aus, dass der Weizen so sehr manipuliert wurde, dass er mit dem Getreide von vor Jahrhunderten oder gar Jahrtausenden nicht mehr viel gemeinsam hat. Es stimmt auch, dass Weizen weitergezüchtet wurde und wird. Dafür gibt es verschiedene Gründe. Es geht um die Maximierung des Ertrags pro Fläche, klar, aber das ist nicht der einzige Grund für weitere Züchtungen. Es geht auch um Schädlingsresistenz und darum, den Weizen für den Anbau unter unterschiedlichen Klimabedingungen zu rüsten. Weizen liefert Mineralien, B-Vitamine und Ballaststoffe. Er ist also ein wertvolles und wichtiges Nahrungsmittel für die wachsende Erdbevölkerung.

Es gibt tausende Zusatzstoffe und nicht alle müssen auf der Verpackung deklariert werden. Zudem sind die Pflichtangaben weltweit unterschiedlich, so wie auch manche Zusatzstoffe in einzelnen Ländern erlaubt sind, die in anderen Ländern verboten sind. Für die EU gibt es eine Liste mit E-Nummern. Die in dieser Liste aufgeführten Zusatzstoffe sind zugelassen und werden seitens der Gesetzgeber als harmlos angesehen. Dennoch gibt es nicht einmal über alle diese Stoffe öffentlich zugängliche Studien, die deren Harmlosigkeit zeigen. Über manche Stoffe aber gibt es solche Studien. Eine Studie befasst sich mit den Emulgatoren Carboxymethylcellulose (E 466) und Polysorbate-80 (E 433) und deren Wirkung auf die Darmflora von Mäusen. E 466 wird vor allem in Kuchen und Keksen, Fertigbackmischungen, Backzutaten, in cremigen Fertigsuppen, Dips, Dressings, Mayonnaise, Schmelzkäse, in Pasteten, Fischstäbchen, in Sahne, Jogurts, Puddings sowie in Geleefrüchten und Marmelade verwendet, E 433 in Kuchen und Keksen, Eiscreme, Kaugummi, Süßigkeiten, Desserts, Suppen und Saucen sowie in pflanzlichem Milchersatz und Sahne, sowie in Nahrungsergänzungsmitteln und Diätnahrungsmitteln.[68] In einer Mäusestudie töteten die Emulgatoren insbesondere Bakteroidales Bakterien ab, die zu den Bakteriodetes gehören. Dies war bei Mäusen jeglichen Alters der Fall. So wurde die Vielfalt der Darmbakterien durch die Emulgatoren reduziert und die Darmflora wurde instabil. Die Darmdurchlässigkeit wurde verstärkt und es kam zu Entzündungsreaktionen. Die Darmflora verschob sich in Richtung einer entzündungsfördernden Bakterienmischung. Der Nüchternzucker der Mäuse stieg an, sie fraßen mehr und setzten Fett an. Ältere Mäuse entwickelten das Metabolische Syndrom. Kommt uns das bekannt vor?[69]

Backmittel

Aus den Leitsätzen für Brot- und Kleingebäck:

Backmittel sind Mischungen von Lebensmitteln einschließlich Zusatzstoffen, die dazu bestimmt sind, die Herstellung von Backwaren zu erleichtern oder zu vereinfachen, die wechselnden Verarbeitungseigenschaften der Rohstoffe auszugleichen und die Qualität der Backwaren zu beeinflussen.[70]

Teigverbesserer

Nicht nur Kunstsauerteige und Backmischungen machen heute den Teig aus. In den USA enthalten die meisten Brotsorten Kaliumbromat als Teigverbesserer, welches allerdings auf der Zutatenliste nicht aufgeführt wird. Brom ist ein Halogen das sich im Körper auf die Jodrezeptoren setzt und diese so für Jod blockiert. Das macht Probleme mit der Schilddrüse und so mit der Energieversorgung. Eine mangelnde Versorgung mit Schilddrüsenhormonen kann ebenfalls zu Fettleibigkeit führen. Bei einer Bromdominanz im Körper können Enzyme die Jod benötigen gehemmt werden. Seit den 1970er Jahren wird in Teilen der westlichen Welt Kaliumjodat im Brot durch Kaliumbromat ersetzt. In der EU ist Kaliumbromat als Mehlbehandlungsmittel allerdings nicht zugelassen.

Glyphosat

Das Thema Glyphosat ist ein Dauerbrenner in Europa. Verlängerung der vorläufigen Zulassung, endgültige Zulassung, Verbot. Es geht hin und her. Dabei steht die möglicherweise krebsauslösende Wirkung im Vordergrund der Diskussion. Das ist ein Punkt der geklärt werden muss, bevor das Mittel seinen europaweiten Persilschein bekommt. Den Fokus allerdings ausschließlich auf die möglicherweise krebsauslösenden Eigenschaften des Mittels zu legen ist unter Umständen zu kurz gegriffen. Aber von vorn.

Glyphosat wird als Unkrautvernichter sowohl in der konventionellen Landwirtschaft als auch im privaten Umfeld verwendet. Zudem kann es bis zu sieben Tage vor der Ernte auf Getreide, Gemüse und Hülsenfrüchte ausgebracht werden um die Ernte zu trocknen und so vor Schimmel zu schützen. Hergestellt wird Glyphosat von mehreren -zig Unternehmen in zwanzig Ländern. Es wird in verschiedenen Kombinationen mit anderen Stoffen angewendet und kann in diesen Kombinationen anders oder verstärkt wirken. Vor einiger Zeit machte die Meldung die Runde, dass alle großen deutschen Biersorten mit Glyphosat verunreinigt seien. Daraufhin wurde schnell abgewiegelt und mit Grenzwerten argumentiert. Auf das in die Diskussion geworfene Argument, wir seinen alle ohnehin mit der Substanz verseucht, weil jeder Glyphosat mit dem Urin ausscheiden würde kam die Antwort eines Experten, dass wir doch gerade darüber froh sein sollten, denn dann würde es sich nicht im Körper anreichern. Wie immer bei Gelegenheiten bei denen Bürger ihre Bedenken gegenüber den unzähligen chemischen Stoffen denen sie ausgesetzt sind Ausdruck verleihen, werden sie alsbald in den Medien von Experten lächerlich gemacht. Alles nur Mythen, keine Gefahr, es gibt Grenzwerte. Alles gut.

Glyphosat wird angeblich ausgeschieden ohne im Körper Schaden anzurichten. Das ist wohl Ansichtssache. Der Selbstmordversuch einer 58-jährigen Frau mit Glyphosat zeigte nämlich, dass das Glyphosat im Blut und in der Gehirn-Rückenmarksflüssigkeit nachzuweisen war.[71]

Glyphosat wird zum Teil über den Darm aufgenommen. Wie aber wirkt es im Darm und wie wirkt das was in die Blutbahn aufgenommen wird und kommt wirklich alles via Stuhl und Urin wieder raus, ohne zwischendrin irgendwo Schaden anzurichten? Es gibt kaum öffentlich zugängliche Studien. Eine Studie von Veterinärmedizinern der Universität Leipzig, die auf der Suche nach der Ursache für die vermehrten Clostridien Infektionen bei Rindern in Deutschland während der vergangenen 10-15 Jahre war, beschäftigte sich mit der Rolle von Glyphosat. Bei einer normalen Darmbesiedlung produzieren etliche Bakterienstämme, Laktobakterien zum Beispiel, Bakterizide gegen Clostridium botulinum. Die Veterinäre fanden in ihrer Studie heraus, dass Glyphosat für die bei Rindern häufig vorkommenden Bakterien der Gattung Enterococcus spp. giftig ist. Das Mittel schwächt die Allianz der hilfreichen Bakterien und erhöht so die Chancen, dass sich pathogene Arten ausbreiten können. Wenn das bei Rindern der Fall sein kann, warum dann nicht bei Menschen? Das Bundesministerium für Risikobewertung sah im Jahr 2013 noch keine Hinweise darauf dass Glyphosat Bakterien außer ein paar Bodenbakterien, und die nur vorübergehend, schädigen könnte.[72]

Glyphosat stört den Shikimisäureweg, den Bakterien, Pilze, Algen, Parasiten und Pflanzen nutzen, um Aminosäuren herzustellen. In Tieren und Menschen findet man diesen Shikimisäureweg nicht, weshalb uns erzählt wird, dass Glyphosat uns nichts anhaben kann. Wir sind aber auf die Mitarbeit unserer Darmbakterien angewiesen. Wenn diese Bakterien durch Glyphosat lahmgelegt werden, schadet uns das ebenso. Glyphosat cheliert (bindet) zudem Mineralien, so dass sie uns nicht mehr zur Verfügung stehen. Erinnert sich jemand an das Thema Phytinsäure? Selbst wenn wir unser Getreide einweichen und säuern um die von der Phytinsäure chelierten Mineralien zu lösen, kann uns das Glyphosat noch immer Mineralien vorenthalten. Auch bei Krankheiten wie der Zöliakie und bei Unverträglichkeitsreaktionen gegenüber Weizen und Gluten findet man eine gestörte Darmflora. Als eine der vielfältigen Ursachen für eine solche Dysbiose kommt wohl auch Glyphosat in Frage.

Da haben sich alle auf den Weizen eingeschossen, dabei wird der mögliche Schurke im Hintergrund, das Glyphosat nicht beachtet. Welchen Einfluss hat die Behandlung des Weizens mit diesem Schädlingsbekämpfungsmittel auf die Ausbreitung von Zöliakie und NCGS?

Glyphosat ist nur eines von vielen Mitteln mit denen sich der menschliche Körper auseinandersetzen muss und deren Wirkung kann sich durchaus kumulieren. Zudem wird Glyphosat oft nicht solo verwendet, sondern mit anderen Substanzen zusammen. Eine neue Studie testete sechs sogenannte Co-formulants, die gemeinsam mit Glyphosat verwendet werden und die alle schon in größerer Verdünnung als der in der sie verwendet werden, zytotoxisch sind.[73]

Glyphosat bringt die Darmbesiedlung durcheinander, verursacht Leaky Gut, heftet sich an das Gluten im Getreide und macht es schwer verdaulich. Außerdem bringt es in Sri Lanka und El Salvador, wo es vor der Ernte in Zuckerrohrfeldern benutzt wird die Arbeiter um. Sie sterben jung an Nierenversagen, weswegen es in diesen Ländern seit kurzem verboten ist. Glyphosat zerstört CYP Enzyme, die in höherer Konzentration in der Leber vorkommen und bei der Entgiftung von Umweltgiften eine Rolle spielen. Weniger CYP Enzyme bedeutet, dass die Umweltgifte langsamer abgebaut werden und so länger Schaden anrichten können.

Zöliakie und Glutenunverträglichkeit

Zöliakie
Verbreitung, Diagnose und HLA-Typen
Vor über zwanzig Jahren erzählte uns ein Kollege, man habe bei ihm Zöliakie diagnostiziert und er müsse nun auf Weizen und andere glutenhaltige Getreide verzichten und seine gesamte Ernährung umstellen. Wir bestaunten ihn wie ein Wundertier. Keiner meiner Kollegen hatte je von dieser Krankheit gehört. Ich genauso wenig. Wir waren uns nicht mal sicher, ob er uns auf den Arm nahm. Heute dagegen ist die Zöliakie viel bekannter, es gibt Produkte die die Ernährung ohne die allgegenwärtigen glutenhaltigen Getreide erleichtern und viele Menschen lassen sich von sich aus auf Zöliakie untersuchen. Zöliakie, früher bei Erwachsenen auch Sprue genannt, ist eine Autoimmunerkrankung des Dünndarms, die mit Malabsorption, Gewichtsverlust, Erschöpfung, Unterleibsschmerzen, Erbrechen und Durchfall einhergeht. Die Patienten leiden unter Mangelerscheinungen wie Eisenmangelanämie und Folsäuremangel. Es gibt aber auch asymptomatische Verläufe und symptomlose Verläufe. Die Hauptauslöser für die Erkrankung sind Gluten und Gliadin. Derzeit sind 31 Kurzpeptidketten in Weizengluten und verwandte Proteine in Gerste und Roggen als Auslöser bekannt, aber das sind vermutlich noch nicht alle Auslöser. Früher wurde Zöliakie als eine Erkrankung von Kindern angesehen, aber mittlerweile hat man festgestellt, dass sie in jedem Alter auftreten kann. Viele Erwachsene leiden ohne es zu wissen an Zöliakie. In einer Studie aus Cambridge an 7.500 Erwachsenen im Alter von 45-76 Jahren zeigten

sich 1,2% der Teilnehmer serologisch positiv. In einer ähnlichen Analyse an 16.847 Erwachsenen in Minnesota wurden 0,8% bisher nicht diagnostizierte Fälle erkannt. In Ländern mit Einwohnern die überwiegend europäische Wurzeln haben geht man von etwa 1% der Bevölkerung aus. Die Schwankungsbreite liegt zwischen 0,2 und 5%, wobei die Rate an Erkrankten in Finnland besonders hoch ist. In den letzten Jahren mehren sich die Stimmen derer die einen deutlichen Anstieg der Verbreitung dieser Erkrankung vermelden. Nach Dr. Alessio Fasano verdoppelt sich die Häufigkeit der Zöliakie alle 15 Jahre und die Krankheit kann auch im fortgeschrittenen Alter noch ausbrechen.[74]

Wer bekommt nun Zöliakie?

Zöliakie kommt fast ausschließlich bei den genetischen HLA-Typen DQ8 und DQ2 vor. HLAs sind wie Klauen die außen auf Immunzellen sitzen, die Proteine greifen, sie den anderen Immunzellen herumzeigen, um sie zu trainieren. Die DQs sind offenbar besonders gut darin, sich Gluten zu greifen. Aber, nur weil diese Zellen gern mit dem Gluten hausieren gehen heißt das noch nicht, dass die anderen Immunzellen sich deshalb gern auf dessen Fährte begeben. Die Zellen die die Antigene präsentieren, können ihre Schüler instruieren das Antigen anzugreifen oder auch nicht anzugreifen. Toleranz lernt das Immunsystem indem die immer gleichen Antigene präsentiert werden mit der Anweisung 'nicht angreifen'. So gesehen sollte die Fähigkeit der DQs die Glutenmoleküle zu greifen und zu präsentieren, eigentlich zu einer besseren Toleranz gegenüber Gluten führen. Warum das offenbar nicht so ist, ist noch nicht geklärt. Zudem sind vermutlich noch mindestens 39 andere Gene an der Entstehung der Zöliakie beteiligt.[75]

Wenn etwa 1% der Menschen von Zöliakie betroffen sind und 30-40% der Menschen Träger der für Zöliakie anfälligen Gene (HLA-DQ2 oder HLA-DQ8), warum erkranken dann nicht alle Träger der entsprechenden Gene?

Manche Menschen leiden schon als Kinder an Zöliakie, andere entwickeln die Krankheit erst im späten Erwachsenenalter, nach vielen Jahren des Verzehrs glutenhaltiger Speisen. Einflüsse aus der Umwelt scheinen ausschlaggebend zu sein. Bei Zöliakiepatienten wurde eine Dysbiose des Darms festgestellt, das heißt ihre Darmflora hat eine geringere Vielfalt als bei gesunden Menschen und sie hat eine andere Zusammensetzung. Bei Zöliakiepatienten werden mehr pathogene Keime gefunden und diese haben virulentere Eigenschaften. Ob diese Störung der Darmflora Ursache oder Folge der Zöliakie ist, ist noch nicht eindeutig geklärt. Möglicherweise beides. Auch bei glutenfreier Ernährung erholt sich die Darmflora nicht vollständig.[76] Der HLA-DQ Genotyp scheint sich auf die Zusammensetzung der Darmflora auszuwirken. Theoretisch könnten die pathogenen Keime Entzündungen auslösen, die schließlich zum Zusammenbruch der Glutentoleranz führen.

Aber auch die frühkindliche Ernährung kann ein Auslöser für Zöliakie sein sowie Infektionen die im Laufe des Lebens dazukommen.

Bisher war man auch davon ausgegangen, dass der Zeitpunkt der Einführung von fester Nahrung eine große Rolle bei der späteren Entwicklung einer Unverträglichkeit gegenüber Gluten wie auch anderen Nahrungsmitteln spielen würde. Eine zu frühe Konfrontation des noch nicht ausgereiften kindlichen Immunsystems oder eine zu späte Einführung von Nahrungsmitteln könnte sich ungünstig auswirken, so die

Hypothese. Der Rat der Forscher lautete bisher, glutenhaltige Nahrungsbestandteile erst ab dem vierten Lebensmonat und nicht nach dem siebten Lebensmonat einzuführen, um spätere Immunreaktionen zu vermeiden.

Die Theorie von der möglichen Verhinderung oder zumindest eines späteren Ausbruchs der Zöliakie durch die Einführung von Gluten in die kindliche Ernährung zwischen dem 4. und dem 7. Monat bei gleichzeitigem Stillen hat durch eine über zehn Jahre dauernde italienische Studie leider einen großen Dämpfer erhalten. Bei Kindern mit einem Erkrankungsrisiko für Zöliakie (ein Verwandter ersten Grades mit Zöliakie) konnten die Forscher keinen Beleg dafür finden, dass eine spätere Einführung von Gluten oder fortgesetztes Stillen das Erkrankungsrisiko senken. Die Forscher gehen nun davon aus, dass der HLA-Typ, das Gen welches die Erkrankungsmöglichkeit beinhaltet, mehr Einfluss ausübt als das Stillen oder der Zeitpunkt der Einführung von Gluten.[77]

Obwohl generell die Erkrankungsrate für Zöliakie bei 1% liegt, hat es schon gelegentlich ein Aufflackern gegeben, kleine Epidemien. Eine Veröffentlichung aus dem Jahr 2012 führt dies auf wiederholte Infektionen bei Kleinkindern zurück, die sie anfällig für Zöliakie macht. Eine schwedische Studie verglich die Krankengeschichten von Kindern mit und ohne Zöliakie. Das Durchschnittsalter in dem die Krankheit sich entwickelte war etwa 11 Monate, diagnostiziert wurde sie vier Monate später. Kinder deren Eltern von drei oder mehr Infektionen berichteten hatten eine um 50% erhöhte Wahrscheinlichkeit an Zöliakie zu erkranken, während eine Gastroenteritis allein das Risiko schon um 80% erhöhte. Das weist auf den Zusammenhang mit der Darmbesiedlung hin, der in mehreren Studien bereits deutlich wurde. Das höchste Risiko bestand für Kinder die bis zum Alter von sechs Monaten bereits mehrere Infektionen gehabt hatten und größere Mengen Gluten aßen direkt nachdem es in ihren Speiseplan eingeführt worden war, vor allem wenn sie bereits vor der Einführung von Gluten nicht mehr gestillt wurden. Geht das erhöhte Risiko auf eine erhöhte Veranlagung zu Infektionen oder Zöliakie zurück? Die Forscher betonen jedenfalls wie wichtig Stillen ist, vor allem für ein Kleinkind welches oft an Infektionen leidet. Mit der Muttermilch wird das kindliche Immunsystem aufgebaut.[78] Selbst wenn das Stillen allein bei Kindern aus der Risikogruppe den Ausbruch der Krankheit nicht verhindert, so hilft das Stillen doch, das kindliche Immunsystem aufzubauen und Infektionen zu verhindern.

Die Zöliakieerkrankung hat in den vergangenen Jahren mehr Aufmerksamkeit bekommen und für die Erkrankten stehen mehr glutenfreie Ausweichprodukte zur Verfügung als früher. Auf der anderen Seite haben Einzelne die Forschungsergebnisse zur Zöliakie zum Anlass genommen, glutenhaltige Getreide generell für zur menschlichen Ernährung ungeeignet zu erklären. Gerne wird spekuliert, dass rund 10.000 Jahre zu wenig seien als dass die menschliche DNA sich an den Verzehr dieser Getreide angepasst haben könnte. Dazu kämen unverantwortliche Überzüchtung speziell des Weizens und nun würde der Verzehr dieser Getreide, und speziell des Weizens, die Menschheit krank machen und den Fortbestand der Menschheit bedrohen. Die Zöliakieerkrankung sei ein deutliches Zeichen dafür, dass Gluten für Menschen gefährlich sei, zumal die Verbreitung dieser Erkrankung in den vergangenen Jahren zugenommen habe. Diese Denkweise verkennt mehrere Tatsachen. Der Mensch, diese Krone der

Schöpfung, verfügt lediglich über etwa 25.000 Gene. Der Wurm, den der Angler ins Wasser hält um Fische anzulocken, verfügt über 75.000 Gene. Erinnern wir uns, dass unsere menschliche DNA nur einen kleinen Teil der DNA ausmacht, die wir mit uns herumtragen. Der wesentlich größere Teil gehört zu den Bakterien die in uns und auf uns leben. Und während wir gelernt haben Bakterien als Krankmacher zu fürchten, müssen wir heute zugeben, dass wir ohne Bakterien nicht lebensfähig sind. Unser Körper braucht sie um sich zu ernähren, nutzt ihre territorialen Kämpfe um sich von unliebsamen Bakterien zu befreien und ohne die Vielfalt an Bakterien entstehen Autoimmunkrankheiten und eine größere Anfälligkeit gegenüber Infektionskrankheiten. Zudem helfen viele Bakterien uns bei der Verdauung von Substanzen für deren Aufschließung uns die Verdauungsenzyme fehlen. Und Bakterien habe uns gegenüber einen großen Vorteil: sie vermehren sich in wesentlich kürzeren Zyklen. Sie können sich veränderten Umweltbedingungen sehr schnell anpassen. Noch dazu steuern wir selber aktiv, welche Bakterien sich in unserem Darm ansiedeln. Es werden sich immer die Bakteriengruppen ausbreiten, die auf das aktuelle Nahrungsangebot spezialisiert sind. Die Bakterien die wir füttern, vermehren sich. Man hat beobachten können dass sich bereits einen Tag nach einer Ernährungsumstellung die Zusammensetzung der Darmflora verändert hat. Für Bakterien sind 10.000 Jahre eine Ewigkeit.

Nach der populären Denkweise müsste also die größere Verbreitung der Zöliakie darauf hinweisen, dass Gluten nicht gut für uns ist und dass wir es meiden sollten. Kein Gluten, alles gut. Aber manche Wissenschaftler betrachten die Thematik aus einem anderen Blickwinkel. Sie sagen, die Genetik der Zöliakieerkrankung scheint der These dass Weizen grundsätzlich für den menschlichen Verzehr ungeeignet sei zu widersprechen. Die Erkrankung betrifft nur 1% der Bevölkerung, aber diese Patienten leiden unter so schweren gesundheitlichen Problemen und Einschränkungen ihrer Fitness, dass man glauben sollte, die Natur hätte die entsprechenden Gene beizeiten aus dem Genpool der Weizenesser entfernt. Aber vor ein paar Jahren testeten Dr. Bana Jabri, Forschungsdirektor an der University of Chicago Celiac Disease Center und der Genetiker Luis B. Barreiro diese These und fanden das Gegenteil.[79] Die mit der Zöliakie assoziierten Gene sind im Lauf der Zeit im Mittleren Osten, wo Getreide zuerst angebaut wurde nicht weniger geworden, sondern mehr. Manche dieser Genvarianten sind offenbar erst in den letzten Jahrtausenden dazugekommen. Klar, würden die Weizengegner sagen, das Zeug war schon immer schädlich für den Menschen und dies zeigt uns, dass wir Recht haben. Nicht so hastig. Möglicherweise hatten ja die Menschen die diese Gene hatten einen Vorteil gegenüber denen, die sie nicht hatten? Dr. Barreiro, von der Universität Montreal hat dieses Muster bei vielen Genen beobachtet, die mit Autoimmunerkrankungen zusammenhängen. Er glaubt, diese Gene hätten den Menschen geholfen in einer Umgebung zu überleben, in der sie eng mit anderen Menschen und mit Tieren zusammenlebten, weil ihr Immunsystem besser mit den vielen krankmachenden Bakterien in dieser neuen Umgebung zurechtkam. Die Vorteile dieser Gene (Überleben) überwogen offenbar die Nachteile (Autoimmunerkrankungen). Das scheint aber nur in einer Umgebung zu funktionieren wie der, in der diese Gene entstanden sein müssen, eine Umgebung die nicht sehr sauber ist. Ein gutes Beispiel dafür wie diese Gene an- oder ausgeschaltet werden können ist die Bevölkerung beiderseits der finnisch-russischen Grenze in Karelien. Die Gene die mit Zöliakie assoziiert sind, sind auf beiden Seiten der Grenze gleich häufig, die Menschen haben die gleichen Ernährungsgewohnheiten und dennoch sind Autoimmunerkrankungen auf der finnischen Seite viel weiter verbreitet als auf der russischen. Das Gleiche gilt für andere Autoimmunerkrankungen. Alle sind auf der finnischen Seite der Grenze häufiger. Was unterscheidet die beiden Bevölkerungsgruppen? Die russischen Karelier sind ärmer, fäkal-orale Infektionen kommen häufiger vor. Offenbar wirken sich die gleichen Gene in dieser anderen Umgebung ganz anders aus.

Hat der heutige Weizen tatsächlich einen höheren Anteil an Gluten, wie die Glutenhasser das behaupten? Hat er nicht, wie Donald D. Kasarda, ein Wissenschaftler des United States Department of Agriculture bei einer Analyse von Weizenproben aus den vergangenen einhundert Jahren herausfand. Essen wir heute mehr Weizen? Ja, aber in der Zwischenzeit wurde auch schon einmal weniger Weizen gegessen. Ende des 19. Jahrhunderts wurde in den USA beispielsweise beinahe doppelt so viel Weizen pro Person gegessen wie heute. Wie viele Menschen litten damals an Zöliakie? Das ist nicht genau bekannt. Aber an seit Mitte des 20. Jahrhunderts gespeicherten Blutproben konnte man feststellen, dass die Krankheit vor etwa 60 Jahren nur ein Viertel so verbreitet war wie heute, obwohl die Menschen damals etwa genauso viel Weizen verzehrten wie heute.

Laut Dr. Jabri ist die Standardreaktion des menschlichen Körpers auf Gluten die, es als harmlos anzusehen und keine Immunreaktion auszulösen.

Aber warum löst Gluten dann heute bei so vielen Menschen Immunreaktionen aus? Nicht nur Gluten tut das. Alle Immunreaktionen auf Umweltfaktoren kommen heute häufiger vor, von Heuschnupfen bis Multipler Sklerose. Zum Teil könnte die zuckrig-fettige westliche Diät die Ursache sein, weil sie Entzündungen fördert. Dazu kommen wohl noch die Veränderungen durch den Gebrauch von Antibiotika und die verbesserte Hygiene. Die vielen Anekdoten darüber für welche Art Ernährung wir uns eigentlich entwickelt hätten machen uns blind für ein viel größeres Problem: das Immunsystem moderner Menschen ist aus dem Ruder gelaufen. Moises Velasquez-Manoff, Wissenschaftsautor von Büchern und Artikeln zum Thema Immunsystem und selbst an einer Autoimmunerkrankung leidend meint, wir sollten nicht fragen was mit dem Weizen nicht stimmt, sondern was mit uns nicht stimmt.[80]

Behandlung und Verträglichkeiten

In letzter Zeit befassen sich auch mehr und mehr wissenschaftliche Studien mit Behandlungs- und Heilungsmöglichkeiten für Zöliakie. Es ist also keineswegs ausgemachte Sache, dass jemand der Gluten gegenüber empfindlich ist, zeitlebens darauf verzichten muss, wie das noch vor einiger Zeit vermutet wurde. Aber wissenschaftlich anerkannte Behandlungsmöglichkeiten gibt es derzeit noch nicht. Doch natürlich wird daran geforscht. Welche Forschungsansätze gibt es?

Es gilt weiterhin, dass zunächst alle Produkte gemieden werden müssen, die Gluten enthalten. Man kann nicht einfach nur Gluten als einzelnes Peptid weglassen, wie das oft den Anschein hat wenn Leute berichten sie würden jetzt Gluten weglassen und schon ginge es ihnen besser. Gluten ist ein Teil von

Weizen, Roggen und Gerste und so müssen selbstverständlich alle Produkte weggelassen werden, die diese Getreide in irgendeiner Form enthalten. Besonders im Fall von Weizen setzt das eine gründliche Recherche und viel Aufmerksamkeit beim Lesen der Deklarationen auf Lebensmittelverpackungen voraus. Aber es gibt zum Beispiel Versuche von Wissenschaftlern mit glutenfreiem Weizensauerteigbrot. Dabei wird bei der Säuerung des Teigs mit Hilfe von ausgewählten Laktobakterien und Protease aus Pilzen das Gluten auf unter 10 ppm (parts per million) verringert. Dieses Brot ist dann auch für kleine Kinder mit Zöliakie sicher.[81]

Neuerdings macht eine italienische Forscherin, Carmen Lamacchia von der Universität Foggia, mit gluten-freundlichem Weizen Schlagzeilen. Sie setzt Weizen der Mikrowelle aus, um den Glutenanteil zu verringern. So kommt der behandelte Weizen auf 80 ppm, was etwa zehnmal weniger ist als bei normalem Weizen. Lamacchia hat nicht zuerst den wachsenden Markt der 'glutenfreien' Produkte im Blick, sondern an Zöliakie leidende Patienten. Sie sagt, das Gluten sei nach der Behandlung des Weizens für das Immunsystem nicht mehr sichtbar. Ihre Methode hat sie sich patentieren lassen. Dr. Alessio Fasano vom Center for Celiac Research am Massachusetts General Hospital in Boston ist durchaus von der Methode beeindruckt aber er glaubt nicht, dass Zöliakiepatienten den 80 ppm vertrauen werden. Er habe einen neun Jahre langen Kampf mit den amerikanischen Zöliakiepatienten ausgefochten um ihnen klar zu machen, dass 20 ppm in Ordnung seien, weil das Immunsystem diese nicht finden und deshalb auch nicht reagieren würde. Aber Lamacchia ist sicher dass es funktioniert. Sie hat Versuche mit T-Zellen (weißen Immunzellen) aus den Därmen von Zöliakiepatienten gemacht. Der nächste

Schritt seien Versuche am Menschen, um zu sehen ob das im lebenden Organismus genauso gut funktioniert. Aber die Hersteller von glutenfreien Produkten wollen solche Versuche nicht abwarten. Sie stehen bereits jetzt bei Frau Lamacchia Schlange, um so schnell wie möglich mit der Produktion neuer Produkte für den Wachstumsmarkt beginnen zu können. Hier geht es nicht nur um Menschen die an Zöliakie leiden, sondern vor allem um die mindestens 100 Millionen Menschen allein in den USA, die glutenfrei essen, weil sie das für gesünder und sicherer halten.[82]

Die Auswirkungen der Besorgnis bezüglich Weizenkonsum haben in der Öffentlichkeit, besonders in den USA, große Ausmaße angenommen. Ein Drittel der U.S. Amerikaner möchte entweder ganz auf Weizen verzichten oder zumindest den Weizenkonsum reduzieren. Dadurch ist ein wertvoller Markt für glutenfreie Produkte entstanden. Die Zahl derer die heutzutage glutenfrei essen übersteigt selbst die höchsten Schätzungen für tatsächlich von weizenbedingten Erkrankungen Betroffenen.[83] Dr Fasano sieht einen großen Teil der aktuellen Glutenhysterie auf die Rolle von Herstellern glutenfreier Produkte zurückgehen, die die Debatte anfachen. Dabei kommen dann auch seltsame Blüten zutage, wie Mineralwasser und Bananen, die als glutenfrei angepriesen werden. Dr. Fasano rechnet zusammen: in den USA gibt es etwa acht Millionen Menschen mit Zöliakie, Glutenempfindlichkeit, Glutenallergie, plus deren gesundheitsbewusste Freunde. So wie die amerikanische Kultur momentan funktioniert, meint Dr. Fasano, könnte glutenfrei ein Hit werden.[84]

Auch Sauerteigbrot aus glutenfreien Getreiden kann natürlich von Zöliakiepatienten gegessen werden. Dafür werden ausgewählte Stämme von Laktobakterien mit Mais, Reis oder Amaranth zusammengebracht. Im Vergleich zu den mit Bäckerhefe oder chemisch gesäuerten Teigen, war der mit den speziellen Laktobakterien gesäuerte Teig der einzige, der im Darm der Betroffenen keine Immunreaktion auslöste.

Sauerteigbrot aus glutenfreien Getreiden hilft Zöliakiepatienten ihre Darmentzündung zu heilen, was ein wichtiger Schritt ist um den durch die Entzündung entstandenen Nährstoffmangel zu beheben.[85]

Einen sehr speziellen Versuch haben sich australische Forscher an der James Cook University einfallen lassen. In einer über ein Jahr dauernden klinischen Studie setzten sie den Teilnehmern Hakenwürmer ein, um die Symptome der Zöliakie in den Griff zu bekommen. Die Ergebnisse sind auch für Patienten mit anderen entzündlichen Zuständen wie Asthma oder Morbus Crohn interessant. Die zwölf Teilnehmer wurden jeweils mit zwanzig Hakenwurmlarven der Gattung Necator americanus infiziert. Dann wurden ihnen langsam immer höhere Dosen Gluten verabreicht. Begonnen wurde mit nur einem Zehntelgramm pro Tag, so viel wie ein etwa zwei Zentimeter langes Stück Spaghetti, über zwei Schritte bis zu einer Tagesmenge von drei Gramm, etwa 75 Spaghetti Stangen. Am Ende des Versuchs konnten die Teilnehmer eine mittlere Portion Spaghetti ohne Probleme essen. Eine solche Portion würde normalerweise eine belastende Entzündungsreaktion hervorrufen mit Symptomen wie Durchfall, Krämpfen und Erbrechen. Die acht Teilnehmer die die Studie beendeten, hatten weiterhin keine Probleme mit Gluten bis zum sechzigfachen ihrer vorherigen Dosis. Als die Forscher den Teilnehmern nach Beendigung der Studie Medikamente geben wollten die den Hakenwürmern den Garaus gemacht hätten, lehnten alle dankend ab. Sie scheinen weiterhin gut zurechtzukommen, sagt Professor Loukas, aber es wurde ihnen trotzdem empfohlen wieder zu einer glutenfreien Diät zurückzukehren.

Ein amerikanischer Journalist, Moises Velasquez-Manoff, hat den Hakenwurm im Selbstversuch probiert. Um an zwanzig der Larven heranzukommen ist er extra nach Mexiko gefahren. Sie sollten ihm helfen, seine Allergien und Autoimmunerkrankungen in den Griff zu bekommen. Er hat seine Erfahrungen und viele Erklärungen zu neueren Forschungen zu der Funktionsweise des menschlichen Immunsystems in einem Buch zusammengefasst Er selbst leidet unter anderem an Alopecia und konnte trotz der Behandlung mit dem Hakenwurm keinen neuen Haarwuchs verzeichnen.[86] Es verdichten sich die Hinweise darauf, dass bei Erwachsenen solche Maßnahmen eher keinen Erfolg mehr haben, da ihr Immunsystem nicht mehr so lernfähig ist.

Dennoch möchten manche Patienten nicht darauf warten bis die Forscher mehr über die Zusammenhänge zwischen Hakenwurminfektionen und der Toleranz des Immunsystems wissen. In den USA gibt es bereits eine Untergrundbewegung von Menschen, die sich den Necator americanus abseits des Gesundheitssystems besorgen, so wie es Velasquez-Manoff getan hat. Dazu sei gesagt, dass nach dem derzeitigen Stand der Forschung nur der Necator americanus überhaupt in Frage kommt weil andere Vertreter der Gattung Hakenwurm viel gefährlicher sind als dieser, dass die Würmer im Menschen eine Lebensdauer von circa fünf Jahren haben und danach ihre schützende Wirkung verschwunden ist und dass die Wirkung womöglich bei Erwachsenen nicht ausreichend ist, um Autoimmunerkrankungen wesentlich zu beeinflussen. Also keine Empfehlung für einen Selbstversuch.

Wie Dr. Fasano, so haben auch andere Forscher sich mittlerweile auf die Suche nach den Zusammenhängen zwischen Autoimmunerkrankungen im Allgemeinen und Zöliakie im Besonderen und dem Zustand der Darmflora der Betroffenen gemacht. Bei Zöliakiepatienten wurde eine Fehlbesiedlung des Darms festgestellt von der man nicht genau weiß ob sie Ursache oder Folge der Erkrankung ist. Man sieht auch bei anderen Autoimmunerkrankungen solche Fehlbesiedlungen. In letzter Zeit sind Forscher darauf gekommen, dass eine Fehlbesiedlung des Darms auch mit einer Fehlbesiedlung der Mundhöhle einhergeht. Die sogenannte orale Dysbiose tritt bei allen Fehlbesiedlungen des Darms auf und äußert sich zum Beispiel in tiefen Schleimhauttaschen an den Zähnen, die von krankmachenden Bakterien besiedelt sind und Parodontose hervorrufen. Wie auch im Darm, so sollte in der Mundhöhle eine gewisse Bakterienvielfalt herrschen die dafür sorgt, dass die krankmachenden Bakterien sich nicht zu sehr vermehren können. Im Jahr 2014 fanden italienische Forscher heraus, dass auch das Mikrobiom in der Mundhöhle von Kindern mit Zöliakie eine geringere Vielfalt aufwies als das von gesunden Kindern.[87]

Oft wird davon ausgegangen, dass wir Gluten nicht vollständig aufbrechen können in unserem Verdauungstrakt und dass das Gluten dann in den Blutkreislauf aufgenommen wird und vom Immunsystem attackiert wird. Nun gibt es aber eine Menge Substanzen in der Nahrung, die wir mit unseren Verdauungsenzymen nicht vollständig aufspalten können, und die keineswegs eine Immunantwort zur Folge haben. Diese nicht aufgespaltenen Moleküle werden entweder weiter unten im Verdauungstrakt von Mikroben aufgespalten und dienen dann sowohl den Mikroben als auch uns zur Nahrung oder sie werden einfach ausgeschieden. Nicht alles Unverdauliche ruft also das Immunsystem auf den Plan. Da muss noch ein Reiz dazukommen, der eine Attacke auslöst. Bei der Desensibilisierung als Therapie gegen allergische Reaktionen werden die auslösenden Substanzen so lange in immer größeren Mengen in den Körper eingebracht, bis das Immunsystem gelernt hat sie zu tolerieren. Im Gegensatz dazu will man bei einer Impfung eine Immunreaktion provozieren und mischt daher dem Impfstoff adjuvante Substanzen bei. Ohne diese Substanzen würde der Körper die in der Impfung enthaltenen Eiweiße eventuell ignorieren und die Impfung hätte ihren Sinn verfehlt. Es geht also nicht ohne Adjuvans und im Fall von Gluten- oder Gliadenintoleranz ist das Adjuvans, der Brandbeschleuniger wenn man so will, vermutlich eine vorgeschädigte Darmflora.[88] Probiotische Behandlungen werden als Verdauungshilfe bei Zöliakie und Nahrungsmittelintoleranzen empfohlen. Eiweißspaltende Laktobakterien helfen die Weizeneiweiße in weniger allergene Formen aufzuspalten. Forscher versuchen deshalb glutenhaltige Sauerteigbrote mit Laktobakterien anzureichern, die empfindlichen Personen wie Zöliakiepatienten bei der Verdauung des Glutens helfen.[89] Probiotische Laktobakterien produzieren zudem das Enzym Phytase, welches hilft die Phytinsäure aufzubrechen, die die Mineralien gefangen hält. Durch die Hilfe dieses Enzyms kann die Aufnahme der Mineralien verbessert werden, die bei Zöliakiepatienten zum Problem geworden ist.

Zudem haben probiotische Behandlungen mit Bifidobakterien die Symptome der Zöliakie lindern können. Eine randomisierte, doppelblind-placebokontrollierte Studie mit Bifidobakterien hat gezeigt, dass zwar die Symptome der Zöliakie gelindert werden können, aber die Durchlässigkeit der Darmschleimhaut davon unberührt bleibt. Die Behandlung mit Bifidobakterien kann also nur ein Baustein der Therapie sein. Die Bifidobakterien unterdrücken das entzündliche Milieu welches bei Zöliakiepatienten von deren Darmflora gefördert wird.[90]

Lebendkulturen von Bifidobacterium lactis können, zusammen mit einer glutenfreien Diät, helfen die Darmschleimhaut zu heilen oder Zöliakiepatienten sogar erlauben kleine Mengen Gluten ohne Schaden zu sich zu nehmen. Sogar die Durchlässigkeit der Darmschleimhaut konnte in einer Studie mit Hilfe dieser Bakterien verringert werden.[91]

Weizenbrot mit Sauerteig aus ausgewählten Laktobakterien wird laut einer Studie der Universität Bari von Zöliakiepatienten vertragen. Die Bakterien zerlegten die für die Patienten unverträglichen Peptide in einer 24 Stunden dauernden Fermentation. Die Brote wurden mit Weizenmehl und den Resten von fermentiertem Buchweizen, Hirse und Hafer hergestellt. Die völlige Auflösung des Glutens bedeutet jedoch, dass der Teig nicht hochgeht![92]

Die anderen Proteine im Weizen, außer Gluten, sind von der wissenschaftlichen Forschung im Zusammenhang mit Zöliakie bisher weitgehend ignoriert worden. Die wenigen Studien die gemacht wurden, sind zu unterschiedlichen Ergebnissen gekommen. Allerdings kam eine Studie zu dem Ergebnis, dass Zöliakiepatienten und Menschen die an Dermatitis herpetiformis leiden, auch auf fünf Nicht-Gluten Proteine reagieren. Darüber wird wohl in Zukunft mehr geforscht werden.[93]

Die Zöliakie verbreitet sich weiter, aber in unterschiedlichem Tempo. Es gibt Zonen auf der Erde, in denen sie sich schneller ausbreitet, wie Europa, USA,

Nordafrika, Mittlerer Osten und Indien, und Zonen in denen sie sehr selten ist, wie Ferner Osten und Sub-Sahara Afrika. Dieses Verbreitungsmuster spricht für den Zusammenhang mit den HLA-Typen, die in den Regionen mit den meisten Zöliakie Patienten häufiger vorkommen, aber die genetische Disposition allein genügt nicht, die stärkere Verbreitung zu erklären. Da müssen noch Umwelt- und Lifestyle Faktoren dazu kommen, so die Wissenschaftler.[94]

Zu diesen Lifestyle Faktoren könnte eine wenig ballaststoffreiche Ernährung gehören, die sich negativ auf die Vielfalt der Darmbewohner auswirkt und besonders die Ausbreitung der Bifidobakterien hemmt. Laut Nationaler Verzehrsstudien der vergangenen Jahre erreicht keiner der Teilnehmer in Deutschland die empfohlenen 30g Ballaststoffe pro Tag. Für die USA sehen die Zahlen ähnlich aus.

In seinem Buch 'Weizenwampe' stellt Dr. Davis ein paar Behauptungen über Zöliakiepatienten auf, die noch verifiziert werden sollen. So behauptet Davis, Zöliakiepatienten würden an Gewicht verlieren, sobald sie Weizen aus ihrer Diät eliminieren. Etliche Studien haben aber gezeigt dass Zöliakiepatienten die auf Weizen verzichten einen höheren BMI haben als solche die das nicht tun. Das liegt zum Teil daran dass die Stärke in den Pflanzen die sie statt Weizen in ihren Speiseplan einbauen viel leicht verfügbare Stärke enthalten (Tapioka, Kartoffeln, Mais). Die durchschnittliche glutenfreie Diät beinhaltet 6g Ballaststoffe/Tag verglichen mit den 12-15g/Tag in der Diät eines Durchschnittsamerikaners und den empfohlenen 25g für Frauen und 38g für Männer.[95]

Außerdem behauptet Dr. Davis, Glutenine wurden von Pflanzenzüchtern ausgewählt und diese Proteine im D Genom von Weizen lösen Zöliakie aus. Tatsächlich zielen Züchter auf eine Reihe von Eigenschaften, darunter Ertrag, Resistenz gegen Krankheiten, Nährstoffgehalt oder bessere Backeigenschaften. Davis bemerkt richtigerweise, dass Glutenine wegen der Backeigenschaften gefragt sind. Bestimmte High Molecular Weight (HMW) Glutenine geben zum Beispiel beim Backen mehr Volumen. Studien haben gezeigt dass die T-Zellen des Immunsystems auf deren Abbauprodukte reagieren. Allerdings braucht es mehr Daten um zu beweisen dass diese Proteine mehr Reaktionen auslösen als die aus alten Weizensorten oder aus Sorten von vor 50 Jahren. Einige Studien legen den Verdacht nahe, dass ältere diploide Sorten weniger Reaktionen auslösen. Möglicherweise reagiert das Immunsystem anders auf diploide Sorten, als auf tetra- oder hexaploide Sorten. Allerdings kann man natürlich, sollte sich der Verdacht erhärten dass bestimmte Weizensorten bei mehr Menschen Beschwerden auslösen besser verträgliche Sorten züchten.

Dr. Davis sagt, Zöliakiepatienten hätten erhöhte Krebsraten. In der Tat haben Zöliakiepatienten ein höheres Risiko an Lymphomen zu erkranken und an Dünndarmkrebs. Sie haben allerdings kein höheres Risiko an Dickdarmkrebs zu erkranken. Eine kürzlich durchgeführte Überprüfung der Daten ergab ein geringeres Krebsrisiko bei Zöliakiepatienten als früher angenommen.[96]

Non-celiac gluten sensitivity (NCGS)

Bisher war die Rede von den etwa 1% der Bevölkerung, die an Zöliakie leiden. Daneben gibt es eine erworbene Glutenunverträglichkeit, die Non-celiac gluten sensitivity genannt wird. Die Deutsche Gesellschaft für Zöliakie nennt das Krankheitsbild etwas umständlich "Nicht-Zöliakie-Nicht-Allergie- Weizensensitivität". Celiac Disease ist die englische Bezeichnung für Zöliakie. Non-celiac weist darauf hin, dass keine für die Zöliakie spezifische Erscheinung vorliegt, sondern eine andere Art der Unverträglichkeit. Die Bandbreite der Symptome geht von Verdauungsproblemen, Müdigkeit, Kopfschmerzen, Dermatitis, Schmerzen in Muskeln und Gelenken, bis hin zu Depressionen, Ängsten und Anämie. Bisher ist nicht klar ob NCGS ein Einzelsyndrom darstellt oder eine Palette von verschiedenen Beschwerden.

Die Non-celiac gluten sensitivity (NCGS) ist der Hintergrund für die erweiterte Suche nach Alternativen zu den bekannten Brotgetreiden. Man nimmt an dass diese Unverträglichkeit von Gluten ebenfalls auf dem Vormarsch ist und dass es für die an dieser Unverträglichkeit leidenden sinnvoll wäre, alle glutenhaltigen Getreide dauerhaft zu meiden. Dabei muss auch geklärt werden wie weit verbreitet diese Unverträglichkeit wirklich ist und ob man sie revidieren kann, denn das Getreide scheint nicht die Ursache für die Beschwerden der Betroffenen zu sein, sondern der Auslöser.

Mich wundert die Nonchalance und Beiläufigkeit mit der Dr. David Perlmutter in seinem Buch 'Dumm wie Brot' von seinen routinemäßig an Patienten durchgeführten Tests auf Glutensensitivität berichtet, als gehörten solche Tests zum diagnostischen Standardrepertoire. Dabei sind sich die Wissenschaftler noch nicht einmal grundsätzlich einig was dieses Beschwerdebild genau umfasst, ob es real ist oder etwa gar nicht auf Gluten beruht, geschweige denn wie man es mit Tests sicher nachweisen kann. Nicht jeder der sich nach dem Genuss eines Brötchens in der Mittagspause schläfrig fühlt, ist von NCGS betroffen. Ein wissenschaftlicher Nachweis ist schwierig. Es könnte sich um eine Allergie handeln, aber es ist ganz klar eine andere Art von Allergie als beispielsweise die Erdnussallergie, die unabhängig von der Menge des Allergens zum raschen Tod führen kann. Dies ist eine Allergie Typ 1 und kann durch die Messung des Immunglobulins IgE diagnostiziert werden. Bei der NCGS könnte es sich um eine Allergie vom Typ 3 handeln, bei der das Immunglobulin IgG erhöht nachweisbar ist. Es gibt bereits solche Tests für den Hausgebrauch zu kaufen, aber ihr Aussagewert ist nach wie vor umstritten.

Die Frage ist auch ob die NCGS wirklich neu ist oder ob dahinter nicht das altbekannte Irritable Kolon (Irritable Bowel Syndrome, abgekürzt IBS), der nervöse Darm steht. Da noch nicht eindeutig geklärt ist welche Biomarker genau beweisen ob jemand an NCGS leidet und da mehrere Studien nahelegen dass IBS die gleiche Krankheit beschreibt wie NCGS, kann man wohl davon ausgehen, dass was immer gegen IBS hilft, auch gegen NCGS helfen kann. Bei IBS ist die Darmflora verändert. So viel weiß man inzwischen. Und man weiß dass IBS gut auf eine Darmsanierung mit Präbiotika, Probiotika und einem niedrigen Anteil an FODMAPs anspricht.

Die fermentierbaren Kohlenhydrate in Weizen und anderen pflanzlichen Lebensmitteln werden FODMAPs genannt, was für Fermentable, Oligo-, Di-, Mono-saccharide und Polyole steht. Dazu gehören Fruktane, Sukrose und Raffinose. Eine Diät die wenige dieser FODMAPs enthält kann beim irritablen Colon (IBS) und bei IBD (worunter Morbus Crohn und Colitits ulcerosa zu verstehen sind) helfen die Fermentation im Dickdarm zu reduzieren und so auch die Beschwerden. Ein Versuch mit nach ihrer Selbsteinschätzung an NCGS leidenden Personen ergab eine Besserung der Beschwerden während eine FODMAP reduzierten Diät, aber keinen Effekt bei der anschließenden Provokation mit Gluten. In glutenfreien Produkten sind weniger FODMAPs enthalten, also könnte die Besserung vieler Beschwerden bei glutenfreier Diät an der Reduzierung der FODMAPs liegen. Von Diätratgebern wird im Zuge der FODMAP-Reduzierung auch gern gleich alles Gluten aus dem Speiseplan gestrichen was aber, wenn man sich die Studien dazu anschaut meistens unnötig ist. Eine Studie aus dem Jahr 2013 fand jedenfalls keine spezifischen oder dosisabhängigen Effekte von Gluten in Personen auf einer Diät die ansonsten wenig sogenannte FOPMAPs enthielt.[97]

Für die Diagnose ist dieses unvollständige Verständnis der Beschwerden eine Herausforderung, aber eine Expertengruppe empfiehlt eine glutenfreie Diät gefolgt von doppelblind, placebo-kontrollierter Glutenprovokation mit einer Variation von 30% oder mehr in ein bis drei Hauptsymptomen als positives Resultat. Bevor diese Kriterien nicht rigoros angewendet werden wird man nicht wissen wie verbreitet diese Beschwerden wirklich sind. Im Center for Celiac Research in Maryland wurden 6% von 5896 Patienten positiv mit NCGS identifiziert, während in einer italienischen Studie nur 3% von 12.000 Patienten positiv waren. In einer Befragung von Erwachsenen im Raum Sheffield (UK) berichteten 13% der Befragten in Selbsteinschätzung sie wären empfindlich auf Gluten, während eine weitere Studie zeigte dass von diesen Patienten 7% Zöliakie hatten und 93% NGCS. Das Verhältnis von Frauen zu Männern in diesen Studien betrug 4:1.

In vitro Studien zur Verdauung von Gluten, auf die sich viele Aussagen über dieses Protein beziehen, arbeiten mit dem reinen Protein. Aber ist das relevant, wenn wir Gluten im Brot essen? Zudem spielt auch noch die individuelle Darmflora eine große Rolle bei der Verdauung. Wie kann eine Studie die Rolle der Darmflora bewerten? Welche Florazusammensetzung soll man wählen? Es sollte doch in den Studien berücksichtigt werden, wie genau die Menschen Gluten zu sich nehmen. Dazu kommt, dass kein Unterschied gemacht wurde woher der Ausgangsstoff kam und mit welchen Mitteln und Methoden er bis zum Verzehr behandelt wurde. Unser Brot wird heute nicht immer genauso hergestellt wie die Brote, die unsere Vorfahren vor 100 oder 200 Jahren gegessen haben. Jemand der nicht an Zöliakie leidet und keine Weizenallergie hat, könnte eine geschädigte Darmflora haben die es dem Gliadin aus Weizen möglich macht, die Durchlässigkeit der Darmschleimhaut so zu erweitern, dass unvollständig verdaute Speisereste, größere Moleküle als normal, hindurch schlüpfen und das Immunsystem auf den Plan rufen. Das wäre dann der Leaky Gut, der durchlässige Darm. Dass das Gliadin die Durchlässigkeit der Darmschleimhaut verändern kann, wurde vor kurzem in einer amerikanischen Studie festgestellt. Dabei bewirkt das Gliadin offenbar sowohl die Freisetzung von Zonulin, als auch dessen Aktivität bei der Lockerung der Verbindungen zwischen den Zellen der Darmwand, vor allem in genetisch vorbelasteten Individuen wie Zöliakiepatienten. Bei Menschen die weder an Zöliakie erkrankt sind, noch eine Glutensensitivität haben, bewirkt Gliadin keine erhöhte Zonulinfreisetzung, während Menschen mit IBS zwar mehr Zonulin haben als gesunde, aber nur etwa halb so viel Zöliakie Betroffene.[98] Yolanda Sanz, eine Wissenschaftlerin am Institut for Agrochemie und Lebensmitteltechnologie in Valencia, Spanien, fand in den Därmen von an Zöliakie erkrankten Kindern mehr gramnegative als grampositive Bakterien und weniger Bifidobakterien, sowie einen Mangel an solchen Clostridienspezies, die die Anzahl der regulatorischen T-Zellen des Immunsystems erhöhen. Diese Bakterienzusammensetzung fand sich sowohl in Kindern mit aktiver Zöliakie als auch in Kindern deren Zöliakie sich in Remission befand. Um den Effekt dieser Bakterienzusammensetzung zu studieren verpflanzte Sanz diese Zöliakie-Flora in keimfreie Ratten, woraufhin deren Därme durchlässiger wurden für Proteine und Bakterien. Auf diese Weise könnte also Gliadin bei Zöliakiepatienten die Darmwand passieren. Nun argumentieren manche Kritiker, Gliadin sei ohnehin giftig für Zöliakiepatienten und sie sollten ihm aus dem Weg gehen. Yolanda Sanz aber fand heraus, dass sie durch das Hinzufügen von Bifidobakterien, welche sie einem gesunden Säugling entnommen hatte, die Giftigkeit des Gliadins abschwächen konnte. In Gegenwart der Bifidobakterien entfachte das Gliadin keine Entzündung mehr. Darüber hinaus änderten die Bifidobakterien die Art und Weise wie andere ansässige Bakterien sich benahmen. Ohne Bifidobakterien zum Beispiel benahmen sich E. Coli Bakterien im Zöliakiedarm wie Rambo, aber in Gegenwart von Bifidobakterien wurden sie plötzlich zu kooperativen Mitgliedern der Darmgesellschaft.[99]

Wie gut Gliadin oder Gluten, die Proteine des Weizens, von unseren Verdauungsenzymen aufgespalten werden können, hängt einer britischen in vitro Studie zufolge auch damit zusammen, in welcher Form es zugeführt wird. Der Backprozess scheint die Verdaulichkeit des Glutens zu erschweren.[100]

Die Symptome von NCGS sind jedenfalls echt. Das zeigte eine Cross-over Studie an 59 Teilnehmers bei denen NCGS vermutet wurde. Die Symptome der

Teilnehmer verschlimmerten sich deutlich gegenüber dem Placebo als kleine Mengen Gluten verabreicht wurden.[101] Was aber nicht heißt, dass die Psyche nicht doch bei manchen Betroffenen eine Rolle spielen kann. In einer italienischen Studie zu NCGS wurden die Patienten die angegeben hatten empfindlich auf Gluten zu reagieren nach dreiwöchiger Abstinenz zufällig in zwei Gruppen eingeteilt. Die eine Gruppe bekam 5,6g Gluten pro Tag, die andere ein Placebo. Dann wurde getauscht. Die Studie wurde beendet nachdem Reaktionen auf Gluten stattfanden. Von den 134 Patienten die die erste Runde, den Glutenverzicht, abschlossen, berichteten 101 über eine Verbesserung ihrer Symptome. 98 Patienten nahmen an der Glutenprovokation teil und 28 von ihnen berichteten über eine Rückkehr ihrer Symptome. 14 Patienten beklagten eine Verschlechterung ihres Befindens nach Verabreichung des Placebos.[102] Die Gruppe der NCGS Patienten ist insgesamt eine heterogene Gruppe von Menschen mit recht unterschiedlichen Symptomen.[103]

Glutenpsychose

Bei manchen Zöliakiepatienten oder NCGS Betroffenen scheint das Gluten eine Depression oder eine Psychose auszulösen, aber das kommt noch wesentlich seltener vor als die Verbindung zwischen Schizophrenie und Gluten, die bereits früher entdeckt wurde. Dennoch für diese Patienten ist ein Versuch mit einer glutenfreien Diät anzuraten. Bisher wurden nur einzelne Fälle in der Literatur beschrieben.[104]

Behandlungsmöglichkeiten bei NCGS

Zunächst einmal ist es wichtig über einen Zeitraum von mehreren Wochen auf alle glutenhaltigen Produkte zu verzichten. Anschließend kann man versuchen die glutenhaltigen Lebensmittel wieder einzuschleichen. Wenn das Probleme bereitet ist auch eine dauerhaft glutenfreie Ernährung denkbar, wobei hier auf eine ausreichende Nährstoff- und Ballaststoffzufuhr geachtet werden muss. Wer nicht dauerhaft völlig auf glutenhaltige Getreide verzichten mag und nicht an Zöliakie leidet, der kann in Begleitung seines Arztes oder Heilpraktikers während einer glutenfreien Phase einen Versuch mit bestimmten Homöopathika machen.

Die schwedische Ärztin Ursula Jonsson beschreibt in ihrem Buch 'Die Basisallergie',[105] wie die weit verbreiteten Nahrungsmittelunverträglichkeiten auf Weizen, Kuhmilch und Eier, eventuell mit Hilfe homöopathischer Mittel günstig beeinflusst werden können. Die Grundidee dieser Behandlung besteht darin, dass man homöopathische Aufbereitungen der unverträglichen Nahrungsmittel in einer Potenz verabreicht, die die homöopathische Umkehrung zulässt. Unter homöopathischer Umkehrung versteht man dass ein Mittel in niedriger Potenz so wirkt wie ein phytotherapeutisches Mittel, während ab einer bestimmten Potenz (verschüttelter Verdünnung) sich dessen Wirkung ins Gegenteil verkehrt. So kann z.B. ein Gift in einer niedrigen Potenz genauso giftig sein wie das reine Gift, während eine Potenz jenseits des homöopathischen Umkehrpunktes hilft, das Gift oder Symptome die einer tatsächlichen Vergiftung mit diesem Stoff ähnlich sind zu besiegen.

In den USA befasst sich die Homöopathin Joette Calabrese[106] mit dieser Art der Behandlung, nachdem sie sich selbst von einigen Unverträglichkeiten befreien konnte. Es gibt homöopathische Aufbereitungen der am meisten verbreiteten Auslöser von Nahrungsmittelunverträglichkeiten zu kaufen. Da homöopathische Mittel generell sehr preisgünstig sind, könnte sich ein Versuch damit lohnen. Besprechen Sie diese

Möglichkeit unbedingt zuvor mit Ihrem Arzt oder Heilpraktiker. Machen Sie keine Versuche auf eigene Faust, da auch eine Therapie mit Homöopathika sehr unangenehme Begleiterscheinungen haben kann.

Weizenallergie

Echte Allergien sind überempfindliche Reaktionen auf fremde Stoffe, meistens Proteine, und werden meistens von der Produktion von einer speziellen Gruppe Antikörper, den IgE begleitet. Im Gegensatz dazu werden IgG Antikörper als Antwort auf die meisten eindringenden Krankheitserreger gebildet. Symptome einer Weizenallergie in diesem Sinne sind atopische Dermatitis, Nesselsucht, sowie Symptome der Atemwege und der Verdauung. Als mögliche Auslöser werden alpha-amylase Inhibitoren und Gluten (Gluten und Gliadin) diskutiert.

Studien die die Verbreitung von Allergien auf pflanzliche Nahrungsmittel untersuchen, leider nicht alle im Doppel-Blind Verfahren, arbeiten mit Provokationstests, dem Prick-Test, der Serum IgE Analyse und Fragebögen zur Selbsteinschätzung. Auswertungen etlicher solcher Studien bestätigen den oft geäußerten Verdacht, dass eine Weizenallergie am häufigsten bei Kindern auftritt und später verschwindet. Von 36 in einer Meta-Analyse ausgewerteten Studien waren nur 6 Doppel-Blind Studien mit Provokationstest und diese zeigten, dass die Verbreitung der Weizenallergie sich in etwa auf dem gleichen Niveau von Allergien auf andere pflanzliche Nahrungsmittel bewegt (Obst, Nüsse, Gemüse, Soja und Sesam).

Wheat-dependent exercise-induced anaphylaxis (WDEIA)

Dies ist eine Form der Weizenallergie bei der die Reaktion nach dem Verzehr eines Nahrungsmittels und anschließender sportlicher Betätigung auftritt, wobei die häufigsten Auslöser Weizen und Krustentiere sind. Am intensivsten haben sich japanische Forscher mit dieser Form der Allergie auseinandergesetzt und sie fanden im Wesentlichen zwei Formen. Die Form mit der größten Verbreitung ist die, bei der die Sensibilisierung durch den Gastrointestinaltrakt stattfindet. Das Hauptallergen ist hier Omega-5-Gliadin. Bei der zweiten Form geschieht die Sensibilisierung über die Haut oder die Schleimhaut mittels hydrolysiertem Weizenprotein in Seife. Das Hauptagens ist hier Gamma-Gliadin und die Reaktion kann sowohl nach der Benutzung von Seife als auch nach dem Verzehr von Weizen auftreten. Diese Form der Weizenallergie ist selten (0,21% bei erwachsenen Japanern und 0,017% unter japanischen Kindern).

Mit der Zöliakie verwandte Erkrankungen
Im Zusammenhang mit Zöliakie können neurologische Beschwerden auftreten, wie Periphere Neuropathie und Gluten Ataxie, wobei das Kleinhirn geschädigt wird. Genaue Zahlen zur Verbreitung dieser Erkrankungen gibt es derzeit nicht. Manche Menschen leiden unter ähnlichen Beschwerden, auch wenn bei ihnen keine Zöliakie diagnostiziert werden konnte, aber eine Glutenempfindlichkeit. Unter allen Ataxien sind 15% Gluten Ataxien. Dermatitis herpetiformis ist eine Form der Zöliakie, die als chronische Hautkrankheit in Erscheinung tritt. Diese betrifft etwa 0,001 - 0,4% der Bevölkerung und ist am weitesten verbreitet in Menschen europäischer Abstammung, weniger in Menschen asiatischer oder afro-amerikanischer Abstammung. Im Gegensatz zur Zöliakie ist die Dermatitis herpetiformis mehr in der männlichen Bevölkerung verbreitet.

Hilfe für Symbionten

Die Bewohner des Darms, ihre Zusammensetzung und die Auswirkungen dieser Zusammensetzung sind derzeit ein heißes Thema in der Forschung. Auch in der Welt der Gesundheitsratgeber werden die Auswirkungen einer ungünstigen Zusammensetzung der Darmflora diskutiert und es gibt bereits erste Autoren die Ratschläge erteilen wie man seine aus den Fugen geratene Darmflora korrigiert und damit alle möglichen Krankheiten besiegt und, vor allem, abnimmt. Es gibt tatsächlich etliche Studien dazu und was als Fazit gelten kann ist, dass jeder Mensch die Zusammensetzung seiner Darmflora beeinflussen kann. Stress, chemische Substanzen und Antibiotika stören eine gesunde Darmflora, zu wenig Ballaststoffe hungern wichtige Bakterien aus und die regelmäßige Zufuhr von Ballaststoffen und (nicht pasteurisierten) fermentierten Gemüsen oder Milchprodukten haben einen günstigen Einfluss auf die Gesundheit. Besonders bei Low-Carb Diäten sollte man darauf achten ausreichend Ballaststoffe zu essen, denn sonst hungert man die guten Bakterien aus und läuft Gefahr seine Nebennieren zu überfordern.

Natürlich gibt es auch Studien zum Einfluss von speziellen Bakterienstämmen auf das Körpergewicht. Bisher wurde aber noch kein Bakterium gefunden, welches bei allen Versuchspersonen die gleiche Wirkung gehabt hätte. Daher ist Vorsicht geboten bei der Zufuhr einzelner Bakterienstämme zum Beispiel in Kapselform über längere Zeit.

Eine gesunde Darmflora sieht bei jedem einzelnen Menschen anders aus. Die Darmflora interagiert mit den ganz persönlichen Gegebenheiten die aus den Genen, ihrer Ausprägung, der Ernährung der Mutter vor und während der Schwangerschaft und während der Stillzeit, der Art der Geburt (Kaiserschnitt oder nicht) und der Ernährung des heranwachsenden Kindes sowie der Häufigkeit von Antibiotikagaben besonders in der Kindheit resultiert. Diese individuelle Flora unterliegt ständigen Veränderungen je nach äußeren Einflüssen.

Wir können die Vielfalt der Darmflora unterstützen indem wir uns abwechslungsreich ernähren, mit vielen verschiedenen Pflanzen und indem wir darauf achten, ausreichend Ballastoffe zu uns zu nehmen.

Probiotika und Präbiotika sind die Stichworte in diesem Zusammenhang. Präbiotika sind Ballastoffe, die den Bakterien als Nahrung dienen, Probiotika sind lebensfähige Mikroorganismen, meistens Laktobakterien oder Hefen, die überall vorkommen und in fermentierten Lebensmitteln in höherer Konzentration enthalten sind. Die Kombination aus Pro- und Präbiotika nennt man Synbiotika. Bereits im 19. Jahrhundert interessierten sich Ellie Metchnikoff und Henry Tissier, beide arbeiteten am Institut Pasteur, für Bakterien aus dem Stuhl von Kindern. Tissier entdeckte im Stuhl gesunder Kinder eine hohe Anzahl an Bifidobakterien, die im Stuhl von Kindern mit Durchfall fehlten. Er schlug vor, Bifidobakterien zur Wiederherstellung eines gesunden Mikrobioms zu verwenden. Danach ließ das Interesse an Probiotika in der Medizin nach, bis im Jahr 1930 Dr. Minoru Shirota im Kyoto mit einem Lactobacillus Casei (Stamm Shirotu) zu arbeiten begann, aus dem im Jahr 1935 das erste kommerzielle probiotische Produkt der japanischen Firma Yakut entstand. Im Jahr 2001 wurde der Begriff 'Probiotika' von einer Gruppe von Experten in Zusammenarbeit mit der World Health Organisation und der Food Agriculture Organisation der United Nation benutzt für lebende Mikroorganismen, die ihrem Wirt gesundheitliche Vorteile bescheren. Das können standardisierte, in Kapseln enthaltene Mikroorganismen sein oder solche, die aus der eigenen Küche stammen und sich in Weißkohl oder anderem Gemüse vermehrt haben.

Kaufen oder selbst herstellen?

Fermentiertes aus der eigenen Küche hat eine größere Vielfalt an Mirkoorganismen als industriell hergestellte Kapseln oder Lebensmittel die mit Starterkulturen angesetzt wurden. In der industriellen Herstellung, aber auch in der handwerklichen Herstellung in kleineren Betrieben, benötigt man vorhersehbare Ergebnisse. Mit der Wildfermentation in der eigenen Küche gelingen zwar die allermeisten Fermente gut, aber Überraschungen gibt es trotzdem. Für eine kommerzielle Herstellung sind solche Unwägbarkeiten zu teuer. Fermentierte Lebensmittel wie Sauerkraut oder Joghurt die es abgepackt zu kaufen gibt sind zudem in den allermeisten Fällen pasteurisiert. Das sorgt zwar dafür dass sich keine krankmachenden Bakterien ausbreiten können und das Produkt eine längere Haltbarkeit hat, ist aber für den Zweck Beeinflussung der Darmbesiedlung nicht hilfreich.

Ist es gesundheitlich bedenklich, selbst fermentierte Lebensmittel zu essen?

Wichtig zu wissen ist, dass man nichts essen sollte was Schimmel angesetzt hat. Meistens sorgen allerdings der Luftabschluss während der Fermentation und die Lactobakterien dafür, dass Schimmel keine Chance hat. Menschen fermentieren seit vielen Jahrtausenden Lebensmittel um sie haltbar zu machen und um im Winter gut mit Nährstoffen versorgt zu sein. Jedes Ferment hat seinen optimalen Zeitraum den es benötigt um zu fermentieren, zu reifen und essbar zu sein. Eingelegte Herbstgemüse benötigen etwa zwei Wochen bis sie fermentiert sind. Wenn man sie dann bereits essen würde, würden sie noch nicht besonders gut schmecken und sie können im Darm noch nachfermentieren, was sehr unangenehm ist. Daher sollte das Gemüse dann mindestens einen Monat an einem kühleren Ort reifen bevor man es verzehrt. Nach dem Reifen sind die Fermente über längere Zeit stabil, sollten aber nach Möglichkeit im Kühlschrank aufbewahrt werden. In selbst hergestellten Lactofermenten befinden sich üblicherweise 10 - 13 verschiedene Bakterienstämme. Die von diesen Bakterien hergestellte Milchsäure tötet pathogene Bakterienstämme ab. Es bleiben am Ende nur die guten Bakterien übrig. Wildfermente aus der eigenen Küche enthalten eine natürliche Zusammensetzung an Bakterien in einem stabilen Ökosystem.

Kommen Probiotika überhaupt lebend dort an wo sie gebraucht werden?

Überleben probiotische Bakterien die Passage bis in den Darm überhaupt? In der Tat sind sie den Angriffen der Magensäure ausgesetzt und denen der Galle. Eine Studie hat festgestellt, daß 20-40% der Lacto- und Bifidobakterien aus Probiotika es in den Darm schaffen. Allerdings lassen sie sich dort nicht permanent nieder, so daß Probiotika täglich eingenommen werden sollten um von deren Effekten zu profitieren. Das spricht für die tägliche Einnahme geringer Mengen fermentierter Lebensmittel wie Kimchi, fermentierte Gemüse oder Rote Beete Kwass. Die Bakterien werden zwar mit dem Stuhl ausgeschieden, verbleiben aber lange genug im Darm um dort Gutes zu tun, beispielsweise mit pathogenen Bakterien zu konkurrieren und diese an der Ausbreitung zu hindern.[107]

Wann sollte man auf fermentierte Lebensmittel lieber verzichten?

Wer unter Histaminintoleranz leidet, egal welche Ursache dahintersteckt, sollte fermentierte Lebensmittel meiden bis die Ursache gefunden und beseitigt wurde. Fermentierte Lebensmittel enthalten viel Histamin. Histaminintoleranz kann unter anderem dadurch verursacht werden, daß zu wenig des histaminabbauenden Enzyms Diamin Oxidase (DAO) produziert wird oder dass im Darm histaminbildende Bakterien ihr Unwesen treiben. Diese Bakterien müssen zunächst vertrieben werden in dem man ihnen ihre Nahrung entzieht. Eine Stuhluntersuchung gibt Aufschluss darüber, welche Histaminbildner vorhanden sind. In Zusammenarbeit mit Ihrem Arzt oder Heilpraktiker können Sie Strategien entwickeln, die diesen Bakterien den Garaus machen. Das ist allerdings oft eine langwierige Sache vor allem, wenn sich mehr als ein histaminbildender Bakterienstamm in Ihrem Darm eingenistet hat.

Auch im Falle einer Dünndarmfehlbesiedlung (engl. SIBO, small intestine bacterial overgrowth) sollte man zuerst eine entsprechende SIBO-Diät machen bevor man zu fermentierten Lebensmitteln greift. Zuletzt sei noch gesagt, daß nicht alle fermentierten Lebensmittel einen probiotischen Effekt haben. Produkte wie Käse, Bier und Wein gehören nicht zu den Probiotika. Auch Kombucha ist wegen seines Restgehalts an Zucker nur eingeschränkt zu empfehlen. Bei Milchallergien sollte auf Joghurt und Kefir verzichtet werden und bei einer Glutenallergie auf Sauerteigbrot.

Produkte mit Weizen

Wer Produktverpackungen genau studiert wird überrascht sein, wo überall Weizen enthalten ist. In Fertigprodukten kann sowohl Weizen als auch isoliertes Gluten enthalten sein. Hier eine Liste von möglicherweise Gluten-haltigen Produkten denen man bei einem weizen- und glutenfreien Selbstversuch aus dem Weg gehen sollte:

Lebensmittel in denen sich Gluten verstecken kann:
- Verpackter und gewürzter Reis oder Pasta
- Tomaten und Spaghetti Soßen
- Dosensuppen
- Instant Kaffee und Tee
- Manche Roquefort- und Blauschimmelkäse
- Chow mein Nudeln
- Kaffeeweißer
- Bouillonwürfel oder getrocknete Brühe und Soßen
- Gemahlene Gewürze
- Kaugummi kann mit Weizen eingestäubt sein
- Abendmahl Oblaten

Diese Bestandteile auf dem Etikett können auf Gluten hinweisen:
- Hydrolysiertes Pflanzenprotein (HPP)
- Hydrolysiertes Pflanzenprotein (HVP)
- Modifizierte Speisestärke
- Senfpulver
- Monosodium Glutamat (MSG)
- Tortenguss
- Natürliches Aroma, Füllstoffe
- Molkenproteinkonzentrat
- Molkekasein

- Weißer Essig
- Reissirup
- Dextrin, Maltodextrin

In diesen Non-food Produkten kann ebenfalls Gluten enthalten sein:
- Lippenstift und Sonnenschutz für die Lippen
- Kleber auf Briefmarken und Briefumschlägen
- Waschmittel
- Seifen und Shampoos
- Zahnpasta und Mundwässer
- Kosmetikartikel, Lotionen und Cremes
- Verschreibungspflichtige Arzneimittel
- Vitamintabletten und -kapseln[108]

Wie an dieser Liste deutlich wird, ist ein Verzicht auf Weizen und/oder Gluten eine weitreichende Entscheidung. Ade Kaugummi. Verzicht auf Weizen bedeutet Verzicht auf Fertigprodukte und sogenannte Convenience Produkte wie Brühwürfel oder Tomatensauce. Man ist darauf angewiesen mit frischen Zutaten zu kochen. Das allein ist eine Veränderung der Ernährung die, Weizen hin oder her, durchaus ein Verschwinden von Verdauungsstörungen und mehr Konzentration und Wachheit bedingen kann. Um es noch einmal deutlich zu sagen: es ist nicht möglich, schlicht auf Gluten oder Weizen zu verzichten, weil beides, vor allem das Gluten, nicht isoliert vorkommt. Wird isoliertes Gluten zu einem Produkt hinzugefügt, dann ist dieses Gluten wieder nur ein Bestandteil von vielen. Wer auf Gluten verzichtet, verzichtet auf alle, wirklich alle, oben genannten Nahrungs- und Genussmittel, sowie viele Kosmetikartikel. Und wenn sich dann gesundheitliche Beschwerden verflüchtigen, woher will man wissen, dass Gluten der Auslöser war?

Wirklich feststellen lässt sich Gluten als Auslöser der Beschwerden nur im kontrollierten Blindversuch.

Anregungen

Dieses Buch ist kein Kochbuch, daher werde ich nur einige wenige Rezepte für Lebensmittelfermente vorstellen, die in der eigenen Küche als Wildfermente hergestellt werden können. Die Rezepte können dem individuellen Geschmack angepasst werden. Man kann mit diesen Rezepten sofort loslegen. Wer merkt dass er sich für das Fermentieren von Lebensmitteln in der eigenen Küche erwärmt, der findet mittlerweile reichlich Literatur in deutscher und englischer Sprache.

Haferbrei

Pro Person
- 1 Tasse zarte Haferflocken
- Wasser
- 4 getrocknete Aprikosen
- 1 getrocknete Feige
- 1 flacher El Kanne Fermentgetreide (optional)
- 1 flacher El Mandelmus
- 1 flacher Tl Salz (nicht jodiert, nicht fluoridiert)
- Joghurt oder Kefir

Die Haferflocken über Nacht, besser 20-24 Stunden, einweichen. Trockenfrüchte am Abend in kleine Stücke schneiden und über Nacht in Wasser einweichen.

Am Morgen etwas Wasser abgießen und mit frischem Wasser nach Bedarf auffüllen und Salz dazugeben. Die Haferflocken unter Rühren aufkochen und ca. 3-5 Minuten rührend kochen. Dann den Haferbrei in eine Müslischüssel oder auf einen Suppenteller füllen, Fermentgetreide, Mandelmus/Joghurt/Kefir unterheben, anschließend die eingeweichten Früchte unterrühren. Genießen.

Eiweißpfannkuchen
Pro Person
Ergibt etwa 3 Pfannkuchen
- 1/2 Tasse Reis
- 1/4 Tasse Linsen (rote, gelbe oder grüne, nach Geschmack)
- Wasser
- Salz
- Ghee oder Erdnussöl (Woköl)
- Gewürze wie Muskatnuss, Pfeffer, Curry

Reis und Linsen waschen und ca. 24 Stunden einweichen. Nach dem Einweichen etwas Wasser abgießen und wieder mit frischem Wasser auffüllen. Die Mischung in der Küchenmaschine oder mit dem Pürierstab verflüssigen, wieder in den Topf geben und nochmals bis zu 24 Stunden stehen lassen.

Die Mischung mit Gewürzen verrühren. Eine Pfanne sehr heiß werden lassen, Fett schmelzen und mit einer Kelle von der gewürzten Reis-Linsen Mischung in die Pfanne geben. Dabei die Masse wie für Crepe mit kreisenden Bewegungen in der Pfanne verteilen. Den Pfannkuchen von beiden Seiten goldbraun werden lassen. Sollte die Masse nicht beim ersten Versuch zu einem Pfannkuchen werden, kann sie auch in der Pfanne gewendet werden bis sie ähnlich wie ein Kaiserschmarren aussieht. Warm verzehren.

Hausgemachter Kefir
- Kefirknollen
- Milch
- Glasgefäß mit Deckel
- Eine dunkle Ecke

Kefirknollen kann man oft von Freunden oder Bekannten bekommen, aber auch via Internet bestellen. Sie wachsen bei regelmäßigem Gebrauch schnell. Wenn man sie einmal nicht braucht, kann man sie in einer Mischung aus Wasser und Milch über 2-3 Wochen im Kühlschrank aufbewahren. Danach brauchen sie ein oder zwei Durchgänge um wieder auf Touren zu kommen. Es soll auch möglich sein die Knollen einzufrieren und nach dem Auftauen wieder zu verwenden. Das habe ich noch nicht ausprobiert.

Die Knollen mit kaltem Wasser ausspülen, in das Glas geben und mit Milch auffüllen. Das Glas verschließen und in einer dunklen Ecke mindestens über Nacht stehen lassen, dann die Knollen herausnehmen oder den Kefir durch ein Plastiksieb gießen. Die Knolle ausspülen, das Glas ausspülen und die Knolle neu ansetzen. Kefirknollen mögen kein Metall, deshalb sollte man nur mit Plastiksieb und Plastik- oder Holzlöffeln arbeiten. Ein kurzer Kontakt mit Metall macht aber nichts aus. Das Glas muss nicht für jeden neuen Ansatz mit Spülmittel gereinigt werden. Bei der Kefirknolle handelt es sich um eine Lebensgemeinschaft von Bakterien und Pilzen, die dutch den Kontakt mit Spülmittel geschädigt würden. Wenn das Glas mit Spülmittel gereinigt wurde muss gründlich mit klarem, am besten heißem, Wasser nachgespült werden. Es dürfen keine Spülmittelreste im Glas bleiben.

Der fertige Kefir hält sich im Kühlschrank mehrere Tage, wobei sich mit der Zeit Molke absetzt. Diese Molke kann man wieder unterrühren oder sie vorsichtig abschöpfen und für andere milchsaure Ansätze als Startkultur verwenden.

Kefirlimonade
- 1 Glasflasche
- Kefirpilz

- Fruchtsaft
- Wasser
- Rosinen

Den Kefirpilz mit einer Mischung aus Fruchtsaft und Wasser (z.B. halb und halb) in die Flasche füllen, Flasche zuschrauben und mehrere Tage im Halbdunkel stehen lassen, bis sich Kohlensäure gebildet hat. Dann den Kefirpilz entfernen und ein paar Rosinen in die Flüssigkeit geben und die Flasche wieder verschließen. Die Limonade ist fertig, wenn die Rosinen oben schwimmen. Der Pilz macht diese Behandlung nicht dauerhaft mit. Er wird dankbar sein, wenn Sie ihm zwischendurch einige Zeit in Milch gönnen.

Gemüse in Salzlake
- 1 großes Gefäß, z.B. ein Sauerkrauttopf oder ein Glasgefäß
- Frisches Gemüse, alles was roh gegessen werden kann
- Meersalz
- Wasser

Das Gemüse gut waschen und zerkleinern und in das Gefäß schichten, etwas durcheinander. Das Gemüse fest zusammendrücken, damit Saft austreten kann. Pro Liter Wasser 1-2 Esslöffel Meersalz auflösen. Das Gefäß mit der Salzlake auffüllen bis das Gemüse bedeckt ist. Einen Teller mit Steinen beschwert auf das Gemüse legen, damit es unter Wasser bleibt. Alternativ kann man auch eines der äußeren Blätter eines Kohlkopfes über das Gemüse legen, um es von der Luft abzuschirmen. Das Kohlblatt wird später entsorgt. Die Öffnung des Gefäßes mit Plastikfolie bedecken und die Folie mit Gummiband oder Bindfaden befestigen. Das Gefäß für 2 Wochen bei Zimmertemperatur stehen lassen und dann bei unter 10 Grad Celsius weitere 6 Wochen stehen lassen. Nach ein bis zwei Tagen beginnen Blasen aufzusteigen. Die Fermentation hat begonnen. Nach 8 Wochen kann das Gemüse verzehrt werden. In kleinere Gläser umfüllen, gut verschließen und im Kühlschrank aufbewahren.

Das Gemüse kann in kleinen Mengen zu einer Mahlzeit gegessen werden oder zerkleinert zu Wokgerichten geschnitten werden. Auch die Lake in der das Gemüse liegt kann verwendet werden, z.B. für Suppen und Soßen.

Nuka suke - Kleietopf
Gemüse nach Bedarf fermentieren
- Einen Keramik- oder Plastiktopf ca. 5l mit Deckel und evtl. mit Bescherungsstein
- Ein Küchentuch zum Abdecken des Topfes
- 750g Weizen- oder Haferkleie
- 10 Zentimeter Streifen getrockneter Seetang
- 50-60 ml Meersalz
- 80 ml Miso
- 160 ml Bier oder Sake
- 2 cm Ingwerwurzel, in grobe Stücke geschnitten
- 2-3 Karotten, Radieschen, Gurken, kleine Rettiche oder Zucchini

Die Kleie in einer gusseisernen Pfanne oder Kasserolle leicht anrösten. Nicht anbrennen lassen. Das Rösten bringt das Aroma zum Vorschein. Rösten bis die Kleie heiß ist und das Aroma sich bemerkbar macht.

Den Seetang mit 0,2l kochendem Wasser übergießen und 1/2 Stunde ziehen lassen.

Um die Lake abzumischen das Salz in 0,8l Wasser komplett auflösen. Einen Teil des Salzwassers in ein anderes Gefäß umfüllen und das Miso darin auflösen. Wenn das Miso gut aufgelöst ist, die Flüssigkeit wieder in des größere Gefäß mit der restlichen Lake einrühren und gut umrühren. Dann das Bier oder den Sake dazugeben. Die Seetangbrühe zu der Mischung hinzugeben.

Nun die getoastete Kleie in den großen Topf geben, den Seetang und den Ingwer dazugeben und schließlich die Lake. Gut umrühren. Es dürfen keine trockenen Nester im Topf bleiben. Jetzt ganze Gemüsestücke in der Kleie vergraben. Die Gemüsestücke dürfen einander nicht berühren.Die Kleie bedecken und den Deckel mit einem Gewicht beschweren.

In den ersten Tagen das Gemüse täglich austauschen. Die Kleie fermentiert allmählich und wird die Gemüse anstecken. Im Lauf der Zeit werden die Gemüse schneller fermentieren. Je nach Geschmack kann man aber auch einzelne Teile mehrere Tage in der Kleie lassen. Wenn das Gemüse die gewünschte Konsistenz hat, aber nicht gleich gegessen werden kann, dann kann man die Kleie ranlassen, das Gemüse einwickeln und im Kühlschrank lagern bis es, möglichst am gleichen Tag, gegessen werden kann.

Der Kleietopf ist trotz Salz empfindlich für Schimmelbefall. Man sollte immer mit sehr sauberen Händen oder Besteck arbeiten und eine Schicht Flüssigkeit oberhalb der Kleie halten.

Hausgemachter Joghurt
- Joghurtferment mit möglichst vielen verschiedenen Bakterienstämmen
- 1l Vollmilch
- Ein Emailtopf der in den Kühlschrank paßt

Die Milch im Topf erhitzen, dabei öfter mit einem sauberen Finger die Temperatur prüfen. Die Milch hat die richtige Temperatur wenn Sie den Finger gerade lange genug drin halten können um Ihren Namen und ihre Adresse im Geist aufzusagen. Die Milch nun vom

Herd nehmen und das Joghurtferment unterrühren. Dann den Topf in ein sauberes Küchentuch wickeln und über Nacht in einer Sofaecke, in eine dicke Decke gehüllt stehen lassen. Am Morgen ist der Joghurt fertig und kann samt Topf in den Kühlschrank, wo er sich mehrere Tage hält. Wie beim Kefir auch setzt sich nach ein bis zwei Tagen Molke ab. Diese kann untergerührt werden, was den Joghurt dann cremiger macht, oder als Starterkultur für andere milchsaure Ansätze verwendet werden.

Rote Beete Kwass
- 2 mittlere Rote Beete in Bioqualität
- 2l Wasser
- 1-2 Eßlöffel Meersalz

Den Strunkansatz und den Wurzelansatz von der Roten Beete abschneiden und das Gemüse gut waschen. Dann in kleine Stücke schneiden und in das Salzwasser legen. Den Topf gut verschließen und täglich einmal mit einem sauberen Löffel umrühren. Nach 3-4 Tagen, je nach Umgebungstemperatur, ist der Kwass fertig. Im Kühlschrank hält er sich einige Tage.

Frequently Asked Questions

Warum wird Weizen gerade so schlecht gemacht, wenn doch nichts dahinter steckt?
Zwei Dinge kamen zusammen, die diese Welle ins Rollen gebracht haben. Dr. Alessio Fasano arbeitete mit Zöliakiepatienten und versuchte über diese Krankheit aufzuklären. Er veröffentlichte wissenschaftliche Artikel und informierte auf der Website seines Instituts. Dr. William Davis ging der Frage nach warum er in mittlerem Alter einen Ersatzreifen angesetzt und eine diabetische Stoffwechsellage entwickelt hatte, obwohl er sich angeblich an die Ernährungsempfehlungen hielt, wenig Fleisch und viel Vollkornprodukte zu essen. Er stieß unter anderem auf die Veröffentlichungen von Dr. Fasano und diese bestärkten ihn in seinem Verdacht, dass Weizen die Ursache vieler gesundheitlicher Probleme sein müsste. In der Folge, so nehme ich an, müssen die Gäule mit Dr. Davis durchgegangen sein, denn er hat in seinem Buch 'Weizenwampe' Wahrheiten mit Halbwahrheiten, Unwahrheiten und Spekulationen vermischt. Später sprang dann Dr. David Perlmutter auf den Zug auf und brachte das Thema Alzheimer mit ins Spiel. Spätestens ab diesem Zeitpunkt begann die emotional aufgeladene Debatte. Leider stützen sich beide Autoren mit ihren zentralen Thesen auf Studien, die diese Thesen gar nicht belegen. Der Weizen ist vorverurteilt und die Argumentation stellt dieses Vorurteil als wissenschaftlich bewiesene Tatsache dar. Wissenschaftler wie Dr. Fasano wundern sich über diesen populären Hype und können ihn nicht nachvollziehen. Viele Gesundheitsberater haben das Thema für sich entdeckt, machen sich aber kaum

die Mühe das Für und Wider selbst zu recherchieren. Wenn überhaupt, sucht man nur nach Fakten und Meinungen die die eigene Überzeugung verstärken. Genauso funktioniert der Algorithmus in einem bekannten Social Media Netzwerk. Wenn ich dort einmal einen weizenkritischen Beitrag gelikt habe, bekomme ich andere vorgeschlagen und lande in einer weizenkritischen Informationsblase. Und wie immer wenn plötzlich ein Thema in Mode gekommen ist, sprießen die Experten überall aus dem Boden. Man mag sich fragen, wo sie sich vorher die ganze Zeit über versteckt gehalten haben.

Ich habe Weizen aus meinem Speiseplan verdammt und seither geht es mir besser. Also muss doch was dran sein an der Weizenschelte.

Viele Menschen die den Verdacht hegen Weizen nicht vertragen zu können berichten von positiven Veränderungen nachdem sie keinen Weizen mehr essen. Dennoch ist die Sache nicht so eindeutig. Um Weizen aus der Ernährung zu verbannen muss man sehr viele Lebensmittel meiden, von Fertiggerichten, über Kaugummi bis Eiskrem und möglicherweise sogar verschiedene Körperpflegemittel. In all diesen industriell verarbeiteten Lebensmitteln sind Zusatzstoffe enthalten, die die Darmflora schädigen können. Eine geschädigte Darmflora macht nicht nur Verdauungsbeschwerden, sondern leistet auch vielen sogenannten Zivilisationskrankheiten Vorschub. Wenn Sie also konsequent alle Weizenprodukte weglassen, dann lassen Sie auch viele industriell verarbeitete Lebensmittel weg die auch das Potential hatten Ihnen zu schaden. Wenn Sie schon vor dem Weglassen von Weizen keinerlei industriell verarbeitete Lebensmittel zu sich genommen haben und trotzdem verbessert sich ihr Befinden, dann besteht noch die Möglichkeit dass Sie auf FODMAPs reagiert haben. Und natürlich besteht auch die Chance, dass Sie tatsächlich auf den Weizen reagiert haben. Die wenigen wissenschaftlichen Doppelblindstudien die placebokontrollierte Provokationstests mit Weizen oder Gluten durchgeführt haben haben gezeigt, dass es sowohl Menschen gibt die auch ohne zu wissen was sie bekommen auf Weizen/Gluten negativ reagierten, als auch Menschen die auf das Placebo mit einer Verschlechterung ihrer Symptome reagierten.

Nachdem ich den Weizen weggelassen habe, sind mehrere Liter Wasser abgegangen. Das zeigt doch, dass da vorher etwas nicht gestimmt hat.

Wenn man plötzlich weniger Kohlenhydrate isst, dann wird der Glycogenspeicher aus der Leber geleert damit Zucker für das Gehirn zur Verfügung steht. Beim Abbau des Glycogens wird Wasser freigesetzt. Das Gleiche passiert auch zu Beginn des Fastens, wenn man gar keine Kalorien zu sich nimmt und zu Beginn jeder anderen Diät. Mit eventuellen Unverträglichkeitsreaktionen hat dieser Wasserverlust zunächst einmal nichts zu tun.

Die Herren Davis und Perlmutter sind Mediziner. Das macht sie glaubwürdig in ihrer Einschätzung der Gesundheitsgefahren des Weizens.

Mediziner machen eine lange Ausbildung und müssen sehr viele Details und Zusammenhänge lernen. In den meisten Ländern gehört bisher keine tiefgehende Ausbildung über Ernährungsfragen dazu, auch nicht in den USA.

Ich vermute dass ich auf Weizen oder Gluten mit Verdauungsstörungen reagiere. Wie soll ich vorgehen?

Sprechen Sie mit Ihrem Arzt oder Heilpraktiker, damit der Sie bei Blut- und Stuhluntersuchungen begleiten kann. Sie sollten mehrere Wochen auf alle Produkte verzichten, in denen Weizen enthalten ist. Danach können Sie langsam wieder Weizenprodukte in Ihren Speiseplan einbauen sofern bei Ihnen keine Zöliakie diagnostiziert wurde. Blut- und Stuhluntersuchungen zeigen, wie sich der Weizenverzicht und die Wiedereinführung auswirken. Die Zöliakie kann nur durch eine Dünndarmbiopsie sicher nachgewiesen werden. Eine Weizenallergie ist ein schwerwiegendes allergisches Geschehen, das Sie sicher mitbekommen würden. Die Non-celiac-gluten sensitivity ist eine Ausschlussdiagnose, die nur im placebokontrollierten Doppelblindversuch sicher zu diagnostizieren ist.

Es gibt Brot und Gebäck aus alten Weizensorten wie Emmer und Einkorn zu kaufen. Ist es sinnvoll das zu essen?

Absolut. Mit dem Kauf von Produkten die aus diesen alten Getreidesorten hergestellt wurden unterstützen Sie die Bauern die sie anbauen und die Bäcker die noch wissen wie man sie verarbeitet. Damit tragen Sie dazu bei diese Sorten für spätere Generationen zu erhalten. Außerdem haben diese Getreidesorten ein ganz anderes Aroma als die neuen Sorten. Sie bereichern damit also auch Ihren Speiseplan. Es ist aber nicht zu erwarten, dass wir alle zu diesen alten Sorten zurückkehren werden, weil sie weniger Ertrag bringen als die neuen Sorten. Der höhere Ertrag hat nicht nur mit Gewinnmaximierung pro Hektar zu tun, sondern auch damit die Weltbevölkerung ernähren zu können.

Warum soll ich Ihnen mehr glauben als den Autoren Davis und Perlmutter? Schließlich pfeifen die Spatzen es von den Dächern dass Weizen ungesund ist.

Sie müssen mir genauso wenig glauben wie den Doktoren Davis und Perlmutter oder den vielen Weizenkritikern im Netz. Vertrauen Sie Ihrem eigenen Appetit und lassen Sie sich nicht verrückt machen. Schauen Sie sich auf YouTube die Vorträge und Interviews mit Dr. Fasano an und bilden Sie sich Ihre eigene Meinung.

Auf vielen Webseiten mit Ernährungsratschlägen im Internet wird von dem Verzehr von Weizen abgeraten, darunter auch Seiten die von Medizinern oder Ernährungsexperten im In- und Ausland betrieben werden. Liegen die alle falsch?

Das kann ich nicht im Einzelnen beurteilen. Webseiten mit Weizenschelte gehören beinahe zum Mainstream und es ist unmöglich sie alle zu überprüfen. Bei den Stichproben die ich nachgeprüft habe wurden entweder die Thesen von Dr. Davis ungeprüft übernommen oder es wurden neuere wissenschaftliche Studien angegeben die die von den Webseitenbetreibern vertretenen Thesen in keiner Weise unterstützten. Warum sich das so verhält ist mir unerklärlich. Genauso unerklärlich ist es dass über Jahrzehnte ein Feldzug gegen gesättigte Fette über uns hinweg gerollt ist der mit seinen Empfehlungen für Margarine statt Butter genau die Krankheiten gefördert hat, die er vorgab verhindern zu wollen. Es ist nicht immer alles gut und sauber wissenschaftlich fundiert was uns vorgesetzt wird.

Ich will/muss abnehmen. Da ist doch eine Low-Carb Diät wie die Paleodiät am besten dazu geeignet.

Man kann mit Low-Carb Diäten abnehmen, das ist unstritig. Man kann aber auch mit vielen anderen Diäten abnehmen. Abnehmen an sich ist für die meisten Menschen nicht das Problem. Problematisch ist der Jo-jo Effekt. Der Effekt folgt auf alle Diäten die auf vorübergehender Kalorienreduktion beruhen,

Low-Carb oder nicht. Wenn Sie anschließend wieder zu einer normalen Ernährung zurückkehren, wird Ihr Körper Fett anlagern denn Sie haben ihm ja gerade bewiesen, dass schlechte Zeiten jederzeit vorkommen können. Abgesehen davon ob Abnehmen wirklich die Antwort auf die Frage nach dem Leben, dem Universum und dem ganzen Rest ist, ist es sinnvoller auf eine typgerechte Ernährung zu setzen, die auf die Belange unserer Darmbewohner Rücksicht nimmt. Sehen Sie Ihre Darmbewohner als Ihre Haustiere an, für die Sie verantwortlich sind und die Sie durchfüttern müssen. Damit, und mit Ihrem Appetit finden Sie die für Sie beste Ernährung. Wenn sich dann noch ein paar Pfunde davonschleichen ist das ein extra Bonus. Die Blutwerte, das haben Studien an Nagern wie an Menschen gezeigt, verbessern sich nach einer Ernährungsumstellung innerhalb weniger Wochen, auch wenn in der Zeit noch keine Gewichtsabnahme zu verzeichnen ist. Abnehmen wird Übergewichtigen Menschen empfohlen um die Gefahr an Diabetes Typ 2 oder anderen Stoffwechselkrankheiten zu erkranken zu reduzieren. Um das Erkrankungsrisiko einzuschätzen werden Blutwerte wie Nüchternzucker, postprandialer Zucker, Langzeitzucker (HbA1c), Cholesterin und Triglyzeride beobachtet. Alle diese Werte werden beispielsweise durch eine Umstellung auf die Mediterrane Diät günstig beeinflusst.

Ich soll mehr Ballaststoffe essen. Mit Obst und Gemüse bekomme ich doch mehr Ballaststoffe als mit Brot, warum soll ich dann Brot essen, wenn ich nicht sicher sein kann, dass ich es vertrage?

Ballaststoffe sind Probiotika, bestes Bakterienfutter. Sie verdienen mehr Aufmerksamkeit bei der Zusammenstellung der täglichen Menüs.

Das Gerücht dass Obst und Gemüse reich an Ballaststoffen seien hält sich hartnäckig. Tatsächlich enthalten Obst und Gemüse viele wichtige Nährstoffe, aber auch viel Wasser. Mit den höchsten Ballaststoffanteil haben Blumenkohl, Möhren und Kartoffeln und Rosenkohl. Brot aus Weizen und Roggen hat aber wesentlich mehr Ballaststoffe in weniger Volumen. Auch Hülsenfrüchte haben einen hohen Ballaststoffanteil. Die Deutsche Gesellschaft für Ernährung empfiehlt täglich mindestens 30 Gramm Ballaststoffe zu sich zu nehmen. Die Nationale Verzehrsstudie zeigt jedes Jahr, dass niemand diese 30 g erreicht. Amerikanische Daten bestätigen, dass mit einer modernen westlichen Ernährung nur etwa 15-20 Gramm Ballaststoffe pro Tag zusammenkommen. Bei einer glutenfreien Low-Carb Diät können es sogar weniger als 10 g pro Tag sein.

Wenn Sie auf Getreide und Hülsenfrüchte als Ballaststofflieferanten setzen, dann kaufen Sie Bio-Produkte. Gerade Hülsenfrüchte und Getreide werden im konventionellen Anbau mit Glyphosat behandelt, was bei empfindlichen Personen zu Verdauungsstörungen führen kann.

Bekannte Sportler wie Novak Djokovic haben nach einer Umstellung auf Low-Carb Ernährung mehr sportliche Erfolge erreicht. Das ist doch ein Beweis dafür, dass die Low-Carb Ernährung der Ernährung mit Getreide überlegen ist.

Hier werden Beispiele kurzfristiger Leistungsverbesserung herausgegriffen und als Modell auf die gesamte Menschheit angewendet. Das ist ein sehr zweifelhaftes Vorgehen. Warten wir doch erst einmal ab wie sich das Leben und die Karriere dieser Sportler weiter entwickelt. Zudem soll Djokovic an Zöliakie leiden. Somit wäre für ihn der Verzicht auf glutenhaltige Produkte wichtig. Andere Sportler die Djokovic's Diätplan ausprobiert haben, wie der Tennisspieler Andy Murray, haben bereits nach wenigen Monaten wieder aufgesteckt, weil sie gerade keine Leistungssteigerung verzeichnen konnten. Sehr viele Sportler berichten auch von einer Verbesserung ihrer Leistungsfähigkeit nach der Umstellung auf die vegane Ernährung. Aber vegane Ernährung braucht Kohlenhydrate und Getreide und passt daher nicht in den Low-Carb Trend. Menschen sind unterschiedlich und was dem einen zumindest kurzfristig hilft, das kann für den anderen Gift sein. Was wir brauchen, ist eine langfristige und individualisierte Sicht auf Ernährung. Welche langfristigen Auswirkungen die vegane Ernährung hat lässt sich an vegan lebenden Bevölkerungen in Indien und China (siehe die China Studie) beobachten. Welche Auswirkungen eine langfristige Low-Carb Diät mit hohem Fleischanteil hat werden wir, wenn weiter mehr und mehr Menschen auf diese Diät umstellen, in 20 Jahren an den Daten unserer Krankenkassen ablesen können.

Muss ich jetzt jeden Tag fermentiertes Gemüse essen um meine Darmflora in Ordnung zu bringen?

Eine Portion von einem Esslöffel eines fermentierten Nahrungsmittels (nicht pasteurisiert) pro Tag sollte dafür sorgen dass sich immer ausreichend Laktobakterien im Darmtrakt aufhalten. Nicht alle dieser von außen zugeführten Bakterien werden von der Salzsäure im Magen getötet. Laktobakterien können ja gerade in sauren Umgebungen wie Sauerkraut leben. Die Magensäure ist zudem noch mit Speisebrei gemischt. Der dabei entstehende pH-Wert macht den Laktobakterien nichts aus. Die Laktobakterien verdrängen krankmachende Bakterien und sorgen so für eine gute Darmflora. Sie können aber nicht gegen ansonsten schlechte Ernährungsgewohnheiten ankämpfen.

Woher weiß ich daß die Prä- und Probiotika mir helfen?

Der Stuhl verändert sich, ist geformt aber nicht hart. Der Verbrauch an Toilettenpapier verringert sich.

Anmerkungen

1 Dr William Davis: Weizenwampe
2 Thomas Campbell: The China Study Solution, S. 80
3 Weston A. Price: Nutrition A5 Physical Degeneration, 1970
4 Moises Velasquez-Manoff: An Epidemic of Absence, New York 2012, S. 42-43
5 http://pdf.zeit.de/zeit-wissen/2015/05/gluten-weissbrot-wirkung.pdf http://www.sueddeutsche.de/gesundheit/ernaehrung-weizen-in-der-schurkenecke-1.2199021
6 http://www.aaccnet.org/publications/plexus/cfw/pastissues/2012/cuments/CFW-57-4-0177.pdf
7 Dr. Feil https://www.dr-feil.com/allgemein/weizen.html, 29. August 2013 (2. August 2016)
8 https://www.zentrum-der-gesundheit.de/getreide.html (11.8.2016); aufgerufen am 31.8.2016
9 Dr David Perlmutter, Dumm wie Brot, S.71
10 http://www.jbc.org/content/254/7/2446.full.pdf
11 Julie Jones' Aufsatz ist online verfügbar unter: http://www.aaccnet.org/publications/plexus/cfw/pastissues/2012/OpenDocuments/CFW-57-4-0177.pdf
12 ebenda
13 https://www.dge.de/fileadmin/public/doc/ws/ll-kh/03-Adipositas-DGE-Leitlinie-KH.pdf
14 ebenda
15 William Davis: Weizenwampe, S. 8 der amerikanischen Ausgabe) Nutr Metab Cardiovasc Dis. 2014 Aug;24(8):837-44.
16 Mehr über die Framingham Studie hier: https://www.framinghamheartstudy.org
17 http://www.aaccnet.org/publications/plexus/cfw/pastissues/2012/OpenDocuments/CFW-57-4-0177.pdf
18 ebenda
19 ebenda
20 ebenda

21 https://www.mri.bund.de/de/institute/sicherheit-und-qualitaet-bei-getreide/forschungsprojekte/ballaststoffe-dickdarmkrebs/

22 http://www.aaccnet.org/publications/plexus/cfw/pastissues/2012/OpenDocuments/CFW-57-4-0177.pdf

23 N Engl J Med. 2014 Oct 2;371(14):1295-303.

24 JAMA Intern Med. 2013 Jul 22;173(14):1328-35.

25 Nutrients. 2015 Feb 27;7(3):1565-76.

26 https://www.youtube.com/watch?v=O8TqRyxawkE

27 http://www.aaccnet.org/publications/plexus/cfw/pastissues/2012/OpenDocuments/CFW-57-4-0177.pdf

28 ebenda

29 https://www.drfuhrman.com/learn/library/articles/27/igf-1s-link-to-cancer

30 https://www.drfuhrman.com/learn/library/articles/30/nuts-an-important-component-of-an-anti-diabetes-diet

31 https://en.wikipedia.org/wiki/Antinutrient (Zugriff am 24.7.2016)

32 https://www.researchgate.net/publication/253234051_Does_wheat_make_us_fat_and_sick

33 "Living with Phytic Acid", Ramiel Nagel, gepostet am 26. März 2010 auf westonaprice.org

34 Carcinogenesis. 2000 Aug;21(8):1547-52.

35 Arch Tierernahr. 1997;50(4):301-19.

36 J Med Food. 2008 Dec;11(4):747-52.

37 Adv Pharmacol Sci. 2013;2013:172494.

38 J Control Release. 2009 May 21;136(1):30-7.

39 Nutr Cancer. 2006;55(2):109-25.

40 J Alzheimers Dis. 2011;23(1):21-35.

41 ScientificWorldJournal. 2014 Jan 22;2014:595962.

42 Dr. Feil https://www.dr-feil.com/allgemein/weizen.html; Artikel vom 29. August 2013 (23.8.2016)

43 PROTEOMICS – Clinical Applications, 5(1-2), 50-56.

44 Journal of Cereal Science, Vol. 59(2), MAr 2014; 112-117

45 Br J Nutr. 1993 Jul;70(1):313-21.

46 Moises Velasquez-Manoff: An Epidemic of Absence, S. 161

47 Biochemical and Biophysical Research Communications, 316(1), 263-271.

48 www.mdpi.com/journal/ijms

49 Curr Pharm Des. 2003;9(16):1309-23.

50 Meat Sci. 2014 Oct;98(2):227-39.

51 J Agric Food Chem. 2009 Apr 8;57(7):2614-22.

52 Agric Food Chem. 2004 Jan 28;52(2):350-4.

53 J Med Food. 2015 Nov;18(11):1179-86.

54 J Chromatogr A. 2011 Oct 21;1218(42):7670-81.

55 http://www.nytimes.com/2015/07/05/opinion/sunday/the-myth-of-big-bad-gluten.html?_r=0

56 Theor Appl Genet. 2009 Jan;118(2):213-25.

57 Planta. 2010 Jan;231(2):245-50.

58 http://www.aaccnet.org/publications/plexus/cfw/pastissues/2012/OpenDocuments/CFW-57-4-0177.pdf

59 https://www.researchgate.net/publication/253234051_Does_wheat_make_us_fat_and_sick

60 http://www.unimedizin-mainz.de/typo3temp/secure_downloads/27162/0/219b764d632a383e0e696125d0ba1b6bc11b9053/Von_wegen_Gluten_2015.pdf ;Dig Dis. 2015;33(2):260-3; Best Pract Res Clin Gastroenterol. 2015 Jun;29(3):469-76.; J Exp Med. 2012 Dec 17;209(13):2395-408.

61 Med Hypotheses. 2015 Dec;85(6):934-9.

62 http://www.bbc.com/news/magazine-13670278
http://www.westonaprice.org/modern-diseases/against-the-grain/

63 Pollmer: Krank durch gesunde Ernährung, Seite 179

64 http://www.faqs.org/faqs/food/sourdough/faq/

65 Mehr unter: http://www.westonaprice.org/modern-diseases/against-the-grain/#sthash.jOomeyCN.dpuf

66 BBC Dokumentation: Victorian Bakers, Episode 2

67 Mehr unter: http://www.westonaprice.org/modern-diseases/against-the-grain/#sthash.jOomeyCN.dpuf
68 http://www.food-detektiv.de/suche.php
69 Nature. 2015 Mar 5;519(7541):92-6.; Trends Endocrinol Metab. 2015 Jun;26(6):273-4.
70 Quelle: Bundesministerium für Ernährung und Landwirtschaft)http://www.bmel.de/cae/servlet/contentblob/379754/publicationFile/22005/LeitsaetzeBrot.pdf
71 C Sato et al., Clinical Toxicology (2011) 49, 118–120
72 http://www.bfr.bund.de/cm/343/hat-glyphosat-moeglicherweise-schaedliche-auswirkungen-auf-die-darmflora-von-mensch-und-tier.pdf
73 http://www.bfr.bund.de/cm/343/einschaetzung-zu-gehalten-von-glyphosat-in-muttermilch-und-urin.pdf ; Anaerobe. 2013 Apr;20:74-8.; Int. J. Environ. Res. Public Health 2016, 13(3), 264; Interdiscip Toxicol. 2013 Dec;6(4):159-84.; http://www.klinghardtacademy.com/Articles/Glyphosate-Rounding-up-the-Facts.html
74 https://www.youtube.com/watch?v=Pu-mllTdJOg
75 Trynka G, Wijmenga C, and van Heel DA. A genetic perspective on coeliac disease. Trends in Molecular Medicine 2010;16:537–550.
http://www.moisesvm.com/2015/07/07/notes-on-the-gluten-myths/
76 Ann Nutr Metab. 2015;67 Suppl 2:28-41
77 N Engl J Med. 2014 Oct 2;371(14):1295-303.
78 https://www.sciencedaily.com/releases/2012/12/121218203349.htm
79 http://www.nytimes.com/2015/07/05/opinion/sunday/the-myth-of-big-bad-gluten.html?_r=0
80 ebenda
81 J Pediatr Gastroenterol Nutr. 2010 Dec;51(6):777-83.
82 http://www.sueddeutsche.de/wirtschaft/ernaehrung-die-neue-gluten-vetraeglichkeit-1.3055869?reduced=true
83 https://www.researchgate.net/publication/253234051_Does_wheat_make_us_fat_and_sick

84 http://www.pri.org/stories/2014-10-07/gluten-friendly-wheat-could-let-celiac-sufferers-enjoy-pasta-and-become-big-money

85 Eur J Nutr. 2012 Jun;51(4):507-12.

86 https://www.sciencedaily.com/releases/2014/09/140925100929.htm

87 Appl Environ Microbiol. 2014 Jun;80(11):3416-25.

88 http://www.moisesvm.com/2015/07/07/notes-on-the-gluten-myths/

89 Appl Environ Microbiol. 2007 Jul;73(14):4499-507.

90 J Clin Gastroenterol. 2013 Feb;47(2):139-47. J Inflamm (Lond). 2008 Nov 3;5:19.

91 Clin Exp Immunol. 2008 Jun;152(3):552-8.

92 Appl Environ Microbiol. 2004 Feb;70(2):1088-96.

93 J Proteome Res. 2015 Jan 2;14(1):503-11.

94 Best Pract Res Clin Gastroenterol. 2015 Jun;29(3):365-79.

95 http://www.aaccnet.org/publications/plexus/cfw/pastissues/2012/OpenDocuments/CFW-57-4-0177.pdf

96 ebenda

97 Gastroenterology. 2013 Aug;145(2):320-8.e1-3.2013 Aug;145(2):320-8.e1-3.

98 Nutrients. 2015 Feb 27;7(3):1565-76.; Physiol Rev. 2011 Jan;91(1):151-75. ; http://www.npr.org/sections/the-salt/2015/12/09/459061317/a-protein-in-the-gut-may-explain-why-some-cant-stomach-gluten?utm_medium=RSS&utm_campaign=food

99 Moises Velasquez-Manoff: An Epidemic of Absence, September 2013, S. 173-174

100 Mol Nutr Food Res. 2015 Oct;59(10):2034-43. doi: 10.1002/mnfr.201500262.

101 Clin Gastroenterol Hepatol. 2015 Sep;13(9):1604-12.e3.

102 Nutrients. 2016 Feb 8;8(2):84.

103 J Am Coll Nutr. 2014;33(1):39-54.

104 Am J Psychiatry. 2015 Mar 1;172(3):219-21., Am J Psychiatry. 2015 Jul;172(7):686. ,Nutrients. 2015 Jul 8;7(7):5532-9.
105 Ursula Jonsson, Die Basisallergie
106 http://joettecalabrese.com
107 Am J Clin Nutr. 2001 Feb;73(2 Suppl):399S-405S.
108 Mehr unter: http://www.westonaprice.org/modern-diseases/against-the-grain/#sthash.jOomeyCN.dpuf